U1002876

别让孩子伤在小学

家长如何与小学老师巧配合

饶雪莉 著

BIE RANG HAIZI
SHANG ZAI XIAOXUE

JIAZHANG RUHE YU XIAOXUE LAOSHI QIAO PEIHE

接力出版社
Publishing House

绿色印刷　保护环境　爱护健康

亲爱的读者朋友：

本书已入选“北京市绿色印刷工程——优秀出版物绿色印刷示范项目”。它采用绿色印刷标准印制，在封底印有“绿色印刷产品”标志。

按照国家环境标准（HJ2503-2011）《环境标志产品技术要求 印刷 第一部分：平版印刷》，本书选用环保型纸张、油墨、胶水等原辅材料，生产过程注重节能减排，印刷产品符合人体健康要求。

选择绿色印刷图书，畅享环保健康阅读！

北京市绿色印刷工程

图书在版编目（CIP）数据

别让孩子伤在小学. 家长如何与小学老师巧配合/饶雪莉著. —南宁：接力出版社，2017.6

ISBN 978-7-5448-4819-0

Ⅰ.①别…　Ⅱ.①饶…　Ⅲ.①小学生-家庭教育　Ⅳ.①G782

中国版本图书馆CIP数据核字（2017）第073733号

责任编辑：楚亚男　　美术编辑：林奕薇
责任校对：王　静　　责任监印：刘　冬
社长：黄　俭　　总编辑：白　冰
出版发行：接力出版社　　社址：广西南宁市园湖南路9号　　邮编：530022
电话：010-65546561（发行部）　　传真：010-65545210（发行部）
http://www.jielibj.com　　E-mail:jieli@jielibook.com
经销：新华书店　　印制：北京明月印务有限责任公司
开本：710毫米×1000毫米　1/16　　印张：14.5　　字数：150千字
版次：2017年6月第1版　　印次：2017年6月第1次印刷
印数：00 001—25 000册　　定价：36.00元

版权所有　侵权必究

质量服务承诺：如发现缺页、错页、倒装等印装质量问题，可直接向本社调换。
服务电话：010-65545440

教育孩子不是一件简单的事情，
作为家长，
作为老师，
我们能够努力做到的
就是帮助孩子在『快乐成长』的
理想和『应试教育』的现实下，
找到一个最佳的平衡点。

——各界热评——

书中的每个话题都那么直戳心窝，都是孩子成长中容易遇到的问题，这些问题虽然琐碎细小，却让我曾经烦恼过。雪莉的话娓娓道来，没有多少大道理，就是告诉家长一个老师的看法，但这看法非常有用，及时给家长指点迷津。有用的就是最好的，值得家长一读。

——中国青少年研究中心少年儿童研究所所长　孙宏艳

作为一名一线老师兼班主任，我深深地知道，老师和家长的良好沟通和巧妙配合对孩子的成长有着积极的推动作用。饶老师的书，无疑是给我们搭建了这样一座桥梁。对其中的案例，我们可以见贤思齐、见不贤内自省。我会推荐给我的学生的家长，和他们一起推开家校沟通的大门。

——广东省佛山市惠景小学语文高级老师　林幸谊

父母是孩子的第一任老师，小学老师是孩子的启蒙者，小学教育是学生的起跑线。要让孩子快乐起跑，家长和老师就应是志同道合的“亲密战友”和“合作伙伴”。本书真实的案例，真诚的话语，就像老师在和家长娓娓谈心，帮助家长解决孩子上小学遇到的种种问题。

——小学特级教师　刘庆华

这本书让我看到了小学校园的一些真相，孩子有时在学校受到隐形的伤害，家长并非全都了解。家长如何智慧地和老师沟通，了解孩子在校的真实情况，比想方设法地讨好老师更重要。

——学生家长　吴晓云（上海）

这是我读到的最真诚、最实用的家长贴心书。饶老师不是教育专家，她只是一名普通的老师作家，她没有高深的教育理论，但是她抛开所有的顾虑，告诉我们那些渴望了解却不曾了解的事，帮助家长和老师和谐相处，最终的目的都是为了孩子能在小学快乐成长！

——学生家长　王冬梅（四川）

作为一名未来的小学老师，我从这本书里得到了许多经验，懂得了很多平时在课堂上学不到的知识。书中的很多案例都是小学校园中的焦点问题，作者用亲身经历给读者支着儿，不仅使家长受益，对小学老师也很有帮助。谢谢！

——师范学院应届毕业生　赵晶晶（浙江）

我的孩子很淘气，老师经常请我去学校交换意见。可每次我都不知怎样面对老师，该怎么说怎么做，生怕说错做错得罪老师，只好批评孩子。看完这本书，我终于明白孩子上学问题多，不能全怪孩子，也怪我不懂与老师沟通的技巧。

——学生家长　李明（北京）

我的孩子还没到上小学的年龄，确切地说，他连幼儿园还没上呢。不过，秉持着“教育应当未雨绸缪，应当有准备、有计划”的教育理念和方针，我愿意随时随地学习任何阶段孩子的教育知识，并掌握相关实践经验。

——杜鹃（浙江）

小学生的家长要是不读饶老师的书，太可惜了。饶老师的《别让孩子伤在小学》连出两本，对于家有小学生的家长们来说，实在是必备之选。

——晏砚兰心（北京）

对于小学生的家长来说，孩子被老师课后留下、被老师叫到学校、孩子遭受人格贬低或体罚等都是家常便饭。节假日是否送礼，老师偏袒个别学生，等等案例，我们都可以从书中找到。书写得通俗、真实，对于不擅长与老师沟通的家长，的确有实用价值。

——当当网读者　gracie2008

早晨五点就睡不着了，拿着这本书看竟舍不得放下了。作者从一个老师的角度告诉家长应该如何跟老师相处。其中很多现实而敏感的问题正是令我们这些家长反复纠结的。看完之后豁然开朗，推荐给所有家有小学生的家长！

——当当网读者　兔子 maggie

目录

自序　我想和你们聊聊天　/ 001

第一章　关注细节，教育全在细节中

01　书包里的教辅书，一本就够　/ 005

教辅书要用得恰到好处，并不是越多越好、越厚越好。否则，书包会成为孩子肩上沉重的负担，题海会成为孩子睡不醒的噩梦。

02　孩子上课不发言，找到原因施妙计　/ 016

每个孩子的性格不同，上课不爱发言的原因也不同，老师和家长需要针对孩子的个性差异，变换不同的妙招。如果招数用错了，不仅对孩子没有帮助，反而会产生反效果。

03　孩子上课爱讲话，教育不必太正经　/ 024

很多时候，面对这些性格各异的小家伙，教育他们时不必一本正经，更不必气急败坏或大呼小叫。我们只要用爱，再加上一点幽默感和小创意，一样能让孩子改掉某些坏习惯。

04　平时成绩比期末成绩更重要　/ 031

平时成绩好比地基，只有地基打好了，才能保证房子牢固而漂亮。若平时没有学好，也就是地基没有打好，期末考试成绩偶尔很好，也是华而不实的空中楼阁，随时会坍毁。

05　孩子做作业，家长放风筝　/ 037

孩子做作业时，家长应该像在放风筝，心中留有一根线，先让孩子远远地飞出去，让他自己翱翔，即便他在空中遇到一些颠簸，也不要着急收线。

06 好作文不是教出来的，是读出来的 / 045

孩子走进写作之门，需要词汇的积累和丰富的语感，这些都要以大量的阅读为基础，家长千万急不得。想在短时间内提高孩子的写作水平犹如拔苗助长，是不现实的。

第二章　换位思考，懂孩子方能正确引导

01 辅导孩子功课，家长自带“灭火器” / 055

辅导孩子功课的时候，家长一定要有足够的耐心，保持乐观的情绪。最好自带一个“灭火器”，随时浇灭心头燃烧的怒火。这样的做法对孩子、对自己都是有益的。

02 走进孩子的心，从共同的爱好开始 / 064

要想走进孩子的心，和孩子坦诚交流，首先就要找到和孩子共同的爱好，从爱好开始，是最便捷也是最轻松的方式。

03 孩子本无“病”，何苦强求医 / 071

生活中，真正有“病”的孩子绝对是少数。老师和家长千万不要随意给孩子冠以某“病症”，引起孩子的心理恐慌。如果因为大人的无知，妄下判断，最受伤的是孩子。

04 当班干部是孩子自己的事，不是家长的面子 / 081

每一个孩子都有自己的性格特点，有的从小喜欢领导他人，有的从小喜欢做实事，还有的从小不愿受约束，喜欢自由自在。很多时候，孩子并不在意做不做班干部、做什么班干部，反而是家长在意。

05 爱美的孩子没有错 / 089

孩子爱美没有错，关键是如何引导孩子正确看待美。适当地爱美有助于培养孩子的自信与气质，有助于孩子与其他小朋友的交往。只要把握好这个度，让孩子从小美美的，有什么不好呢?

06 小学生的友谊，不需要“门当户对” / 097

对小孩子来说，交朋友不需要那么多条件，他也许长相不佳，他也许成绩不好，他也许脏兮兮，他也许傻乎乎……但是，他有让我欣赏的地方，我和他在一起玩得很开心，我喜欢和他分享自己的心事，他——就是我的好朋友!

第三章 兴趣培养，激发孩子独有潜力

01 上不上兴趣班，兴趣来决定 / 111

只要孩子拥有无尽的想象力和创新意识，拥有对生命的热爱，无论上不上兴趣班，他都能找到属于自己的精彩。

02 别让假期成为孩子的牢狱 / 120

美好的假期，可以用来丰富孩子们的阅历，充实孩子们的心灵，锻炼孩子们的能力，让他们快乐成长。

03 奥数也是一种兴趣，学得痛苦不如不学 / 129

如果孩子能把奥数当作一种兴趣来学习，那学起来自然是十分轻松愉快，哪怕遇到一些困难，也愿意去挑战，尝试解决困难的快乐。反之，若孩子本身对奥数没有丝毫兴趣，学起来自然是备受折磨。

04 提升孩子的专注力，从孩子的兴趣点入手 / 137

孩子专注力的建立，往往都是从沉迷于他感兴趣的某件事中开始的，家长需要尊重孩子的这种“沉迷”。利用孩子的兴趣点，发挥孩子的主动性。

05 别让“优越感”把孩子推向边缘 / 146

有些家长觉得要“富养孩子”，不能让孩子在班里抬不起头，殊不知，过于“富养”的孩子，也会遭到同学的排挤。

06 比不比赛，孩子都可以很优秀 / 152

参加比赛也好，不参加比赛也好，有荣誉证书也好，没有荣誉证书也罢，这些都不重要。重要的是，终有一天，孩子能长成一棵漂亮的独具特色的树，在我们的视野里茂盛蓬勃。

第四章　家校配合，助力孩子健康成长

01 家长会不是老师的独唱会 / 161

家长会不是学生的“审判会”，更不是老师的独唱会，它应该是家长、老师、学生三方平等对话、真心沟通的桥梁。搭好了这座桥，教育中遇到的种种问题才能迎刃而解。

02 不以分数论奖励 / 168

100 分仅仅是一个外在符号，它并不能完全代表孩子对知识的内在兴趣和把握。当家长和孩子开始沉溺在对 100 分的“虚荣”中，就已经陷入了学习的牢狱。

03 关于补习，一个巴掌拍不响 / 175

只有过于看重成绩的家长，才会有在补习上玩花样的老师。关于补习这件事，请首先尊重孩子的意愿吧！

04 当心家里有个“两面派” / 182

如果孩子从小就学会伪装自己，在学校和家里判若两人，长大以后，当他们走进社会，面对更为复杂的人际关系，他们会越来越迷失自己，找不到确定的方向，内心会变得迷茫而痛苦。

05 巧让孩子远离垃圾食品 / 191

只有让孩子从内心真正认识到吃垃圾食品的害处，才能达到预期的效果。否则，即使孩子不吃校门口的垃圾食品，他还会吃其他地方的垃圾食品，他小时候没机会吃，长大了也会“疯狂”地吃。

06 别让小升初成为难以言说的伤 / 200

成长是公平的，得失各有，如果你想让孩子在各种考试中过关斩将一路凯歌，那么他的童年肯定比别人辛苦。如果你想让孩子轻松学习、快乐成长，那么，他又很难在应试教育中出类拔萃。

附录 热点：不为攀比生二胎 / 209

后记 感谢那一段做教师的岁月 / 215

自序 我想和你们聊聊天

写《别让孩子伤在小学》是我一次大胆的尝试。在这之前，我一直在为小朋友写故事。第一次以文字的形式直面家长，坦白说，我的内心是有些惴惴不安的，不知道家长们会不会接受我的观点。

后来，我告诉自己：就当是在和好朋友面对面地坐着聊天，不隐藏、不避讳地谈谈那些关于孩子的事。我相信，无论写什么书，只要作者本着最真诚的态度去写，读者一定能感受得到。

《别让孩子伤在小学》出版以后，它的强烈反响超出了我的预想。

我的超级 QQ 读者群几天就被加爆了，邮箱也塞满了读者的咨询邮件。网络上对这本书的评论异常火爆，有肯定的也有批评的，但是我惊喜地看到，百分之九十以上的评论都是肯定的。“真诚、实用、有帮助”是读者最多的赞美词。更让我惊喜的是，这些读者不只是家长，还有小学老师，很多老师还向家长推荐了这本书。

非常感谢每一个读过这本书的读者，感谢你们消除了我心中的顾虑，因为口口相传，才让更多的读者能和我真诚地交流。

我一直觉得没有哪一本书可以完全地指导家长教育好孩子。因为每一个孩子的家庭环境不同，每一个孩子的个性也不同。

但是，家长可以从别人的故事中或多或少得到一些启示，哪怕只是一句话、一个小方法，都是读者读一本书的收获，这也是作者最大的满足。我记得自己对女儿教育观念的改变就来自一本小小的绘本。

因为还有很多读者在询问孩子上小学这个过程中遇到的以及可能遇到的各种细节问题，所以有了这本书。

当您看到这些我用真心敲打出来的文字时，相信我们已经是朋友了。既然是朋友，那么就让我们为了孩子，敞开心扉聊聊天吧！

看过这本书，无论您是肯定，是质疑，是微笑，还是叹息……我都欣然接受。

第一章

关注细节，教育全在细节中

老师都纷纷开始收钱了，那个小姑娘三番五次地催促我："老师，就差您一个班的了！"看着其他老师别样的眼神，我支支吾吾地应着她："嗯嗯，马上去说。"

"这样吧，老师，我先把书放在您这里，你先发给学生，过后再收钱也可以的。"

一沓厚厚的练习卷啪的一声搁到了我的办公桌上，似乎由不得我拒绝。

很快，更多书商以各种形式混进了学校，成了老师办公室的常客。书商们深知，为了多获利，要一手抓住市场，另一手抓住老师，紧紧抓住老师就等于抓住了市场。

这些推销人员往往都是热情无比，口若悬河，送老师礼物、请老师吃饭、给老师购书卡，把学校老师哄得开开心心。自然他们的教辅书也不愁没有销路，教辅书如冰面下涌动的暗流，悄悄地"溜进"学生的书包，难怪现在小学生的书包越来越重了。

面对这些杂乱的教辅书，老师和家长都感到很为难。站在老师的角度：别的班的学生都在做，自己的学生不做，家长会不会认为做老师的不负责，质疑自己的教学质量赶不上其他班？站在家长的角度：别的孩子都买，自己不买不安心，孩子不看这些书，万一考试得不了高分就是家长的责任。

"要想富，编教辅。"这是很多教辅编者的口头禅。教辅书巨大的市场前景和利润空间驱使各路人马处心积虑地挤进教辅市场。而学校就像一块大蛋糕、肥肉，让各路商家都想狠狠咬一口。

但是，这样“红火”的日子没过多久，教育局便知悉此事，开始下文禁止学校、老师向学生摊派教辅书以及组织学生统一购买教辅书。

你以为这样，孩子的书包就变轻了吗？

你错了。

“你有政策，我有对策。”书商们各显神通，开始采用新的方法。他们拍着胸脯告诉老师：“不用怕，你们只负责向学生推荐教辅书，并且告诉他们哪家书店有售，学生来买的时候报上学校和班级，折扣一样会返给老师。出了事，我们承担责任。”

更有书商直接把折扣的钱先返给老师，老师收到了钱，自然觉得不好意思，也就会想办法让学生去书店买相关的书。

于是，每一年开学之前，你去各家书店看看，最火爆的肯定是教辅专柜，无数家长、孩子以澎湃的热情在其中狂热选购。有的家长手中还拿着老师开的书单，一本一本地挑选，真是“宁可错买十本，不可漏掉一本”。家长对教辅书的热衷度，远远超过给孩子买其他书！

有一次开学前，我在外地出差，等我回来，女儿已经上学了，看到书桌上堆了一堆崭新的教辅书，我疑惑地问女儿：“谁给你买了这么多教辅书啊？”

女儿说：“爷爷奶奶买的，因为你不在，老师让买教辅书，爷爷奶奶去买，没搞清楚，就把店里阿姨推荐的所有的书都买了。”

我公公婆婆一向很节约，平时买菜为几毛钱都会讨价还价，但给孙女买起教辅书来，几百元钱想也没想就花了。可见家长对于孩子学习上的花费真是毫不吝啬。商家也正是看准了家长们的心思，大量生产教辅书，追求更高的利润。

教辅书涌进学校，一方面繁荣了出版行业，火了商家；另一方面也减轻了教师的负担。但同时，它也给教育带来许多隐患。

我的妈妈是一位小学老师。很小的时候，我看到过妈妈自己刻印试卷。在夜晚的灯光下，妈妈先把蜡纸垫在钢板上，然后用铁笔小心翼翼地去刻试题，很多题都是妈妈自己根据教材编写的。刻完试卷后再用手推的油印机去印，一张一张地印，印一张推一次，我曾经给妈妈当过帮手，所以印象很深。那时候的老师什么都得靠自己，因为没有现成的教辅书，所以反而更专心地研究教材。

记得我做小学生的时候，书包里只有教科书和作业本。考试的试卷是用油墨印的，每次做完，手掌心就是一团黑印。但那时的作业和考试都不多，小学时光也是我最开心的一段日子。

我刚做教师的那几年，学生手里也没什么教辅书，就是一本教科书配一本练习册。孩子们上课必须认真地记笔记，才能完成相关作业。

后来，有了类似“字词句篇”这样的书，有些耍小聪明的孩子便不再记笔记，上课也觉得听不听都无所谓，因为回家做作业，一翻开“字词句篇”，上面什么内容都有。

别说孩子了，就连老师也开始依赖教辅书。

我妈妈那一代的老师，每学期下来会有几个厚厚的备课本，每备一课，都得深钻教材，绞尽脑汁地改善教学方法。

在我教第一届学生的时候，也是用这种传统的方式，手写备课，供我参考的只有一本薄薄的教学参考书，上面只有教学的重点、难点和大框架，具体的教学环节必须由教师自己去构思。

后来，有了“教材一点通”等教师备课的参考书，翻开一看，教学设计的各个环节都写得清清楚楚，包括老师上课说的每一句话，从开始到结束，都不用再动脑筋。

我们老师也懒得再自己设计环节了，就照着书上的内容抄下来应付学校的检查，后来备课也就流于形式了。再到后来，互联网发展起来，抄都不用抄了，老师直接在网上下载备课内容，复制打印。

少了备课这个环节，我也一度觉得非常轻松。可是很快，我发现虽然课前轻松，但课堂上我更累了，因为不是自己构思的备课内容，按照别人的思路去讲课，照本宣科，非常费劲，一节课的内容往往要两节课才能完成，孩子们也听得昏昏欲睡。更重要的是，我上课的激情没有了，看到毫无生气的课堂，我发现，教师上课没有自己的特色是致命的！

所以后来，我不再按照那些抄袭的备课内容来上课，我开始重新研究自己的教学方式。看到孩子们喜欢做游戏，我就试着将游戏教学带进课堂。

很快，我发现孩子们对我的课感兴趣了！我就像一个综艺节目的主持人，将传统的基础课堂分为几个环节，每个环节有一个独立的口号并配合一定的动作。比如在语文课上让学生组词时，孩子们会马上喊出“一字开花，火树银花”，所有的孩子举起小手舞动着，孩子们争先恐后地组词，不能重复；在抽学生回答问题时，喊出“脑筋转转转，脑筋急转弯”，小朋友立刻来了兴趣，像一休在思考一样认真可爱；交流近、反义词时，同桌两人互相拍手，喊道：“词语对对碰，碰碰碰……”开火车时，全班孩子像跳波浪舞一样，以最快的速度，依次站起来回答，每个孩子都有回答问题的机会。

这属于我的独特的教学方式，是所有的教师参考书里找不到的。

在这样的课堂上，孩子们的注意力会高度集中，很少会有孩子搞小动作，更不会有孩子打瞌睡。

起初老师在堂课上可能会有些累，但只要全班学生形成一定的习惯，后面上课就会特别轻松。师生也都会感受到课堂的快乐。

所以，在上课之前，我会对这堂课有个前期准备和构想，几乎不照着教材参考上课。我也要求学生，上课不要带教辅书，我会告诉他们：“照着教辅书上的答案回答问题就是游戏作弊哟，不能参加游戏。”孩子们也都欣然接受。

在这里，我并不是否定所有的教辅书，有些质量高的教辅书对孩子的学习是有一定帮助的，确实也能减轻老师、家长的负担。但是教辅书要用得恰到好处，并不是越多越好、越厚越好。否则，书包会成为孩子肩上沉重的负担，题海会成为孩子睡不醒的噩梦。

负责的老师，在给学生挑选教辅书的时候，会从纷繁复杂的书海中选出最值得学生购买的书，而且不会多挑。好的教辅书，每个科目一本就够。

所以，理性的家长在给孩子购买教辅书的时候，不能完全依赖老师的推荐。对于这类书，家长也要认真翻翻，看看是不是高质量的教辅书，适不适合自己的孩子使用。

我的一个邻居的小孩娇娇念三年级，娇娇妈非常重视孩子的学习，对老师说的话也是十分遵从，虽然老师说“这些书只是我的推荐，至于你们买不买，完全自愿”，但娇娇妈觉得既然是老师推荐的书一定没错，反正多买无害。

于是，她按照老师开的书单去书店买了一大篮子教辅书回家，一本都没有落下。有一天我回家碰到娇娇，娇娇气愤地对我说：“我妈妈上当了，给我买的那些书里面有两本内容是一样的，只是封面不一样！”

难怪有人说：“教辅教辅，乱得离谱。”为了追求高利润，不少浑水摸鱼的出版商，才不会管书的质量，东拼西凑些习题就做成一本练习册，更有甚者，直接将别人的书换个封面就变成自己的。“多、乱、参差不齐”，成为目前教辅读物的基本现状。教辅读物充斥市场，填满孩子的书包，甚至“泛滥成灾”。

在这样的状况下，家长如何擦亮眼睛，给孩子选出合适的教辅书呢？

小学生的教辅书大致可以分为三类：同步类、巩固类、提高类。

第一类，同步类教辅书是指书的内容和教材的内容同步，例如“字词句篇”“小学生教材全解”这类书，其中包含教科书里需要孩子掌握的知识重点、难点。此类书适合家长辅导孩子，或者孩子在做作业的时候做参考。除了翻开来看书的内容质量，选购这类书时，家长还应特别注意出版社是否是国内名社，因为名社某种程度上是品质的保障；再次，要看书的版权页，看第一版时间与再版次数，再版次数越多说明口碑越好。然后，家长要重点看看书内正文的排版情况包括字号大小、行距、字距等，纸张质量如何，教辅书要尽量让孩子阅读起来感到轻松不费劲。有些此类书非常厚、内容复杂、排版紧密、设计花哨，某些家长以为这种书越厚越划算，其实这是错误的想法。这样的书放在孩子书包里不仅沉重，还不利于孩子的阅读，影响孩子的视力。

第二类，巩固类教辅书往往是指与每科教科书配套的练习册，例如“一课一练”“达标测试”“单元训练”等，这类书往往是由老师推荐的，在固定的教学后给孩子补充性的练习，巩固孩子前一阶段学习的知识点。家长在购买的时候，仍要一方面考虑出版社品牌、再版次数、排版清晰度、纸张质量等问题，一方面翻看一下书中的试题，看看每套题是否有独立的试题体系、内容有无杂乱拼凑的现象，还要看看试题的要求是否明确，如果试题的要求家长都无法理解，孩子会更加无法理解。比如，我曾经看到一本一年级的练习册上有这样一道题，题目是“请让字宝宝回家”，题下是一排汉字“天、妈、山、大、禾、的”，下面只有三个空空的房子，什么提示也没有，像这样的题，你知道是什么意思吗？作为语文老师，我也是看了好久才猜到它的意思，应该是按字的韵母划分“天、山”“妈、大”“禾、的”这几个字。我想，一年级的孩子应该很难悟出题中的意图吧。

如果这样莫名其妙的题很多，这种教辅书千万不能选，即便是老师推荐的，家长也可以提出自己的意见。如果老师推荐的教辅书确实质量好，对孩子有帮助，家长但买无妨；若质量低劣，可以和其他家长一起拿着教辅书向老师反映情况，建议重新更换。

第三类，提高类教辅书着重于对知识点的深化和强化训练，例如“培优训练”“尖子生题库”“冲刺一百分”等，这类书其实针对的是成绩优异、学习轻松的学生。如果孩子在完成学校的作业后还有许多空余时间，孩子本身也非常乐于挑战难题，就可以给孩子购买。否则，没有必要加重孩子的负担，特别是在小学阶段，成绩上多几分少几分对孩子的影响并不大。

有些家长，对孩子的要求过于完美，认为孩子题做得越多越好。我曾经教过一个学生欣欣，学习习惯好、表现好，成绩总是名列前茅。可是只要她没有考到 98 分以上，她的妈妈就妈有些不好意思地说："是的，饶老师，上次开家长座谈会，我知道了晓腾不爱举手发言，为了帮他改正这个缺点，我就想出了这个方法。最近，他上课是不是认真多了，发言也多了？"

"是的，但我觉得这个办法只能收到短期的效果，或许我们可以想出更好的方法。"我表明了我的态度。晓腾妈妈笑着说："没关系，能管多久算多久吧，反正为了孩子好，能用钱解决的问题都不是问题。"

好景不长，有一天，阿宝的家长找到我，说阿宝身上多了许多来历不明的零用钱，我一调查，才知是晓腾为了多"挣钱"串通同桌阿宝做假记录。比如，晓腾记录一天回答了五十个问题，他从妈妈那里得到五十元，就会分给阿宝十元。

这件事被揭穿以后，晓腾妈妈的"妙招"自然也不敢再用了。晓腾又被打回了原形，甚至比以前更加萎靡不振。他不仅上课不再回答问题，成绩也疾速下降，和他妈妈的关系更是降到冰点，水火不容，后来晓腾妈妈要求他做什么，他都要求拿"钱"来做条件。

有些家长认为"现在社会风气变了，孩子也变得现实了，贴小红花表示鼓励，根本没啥效果。有时候一些物质上的奖励是激励孩子取得进步的必要手段"。因此就出现只会不停地给予孩子物质奖励的家长，奖励范围涵盖学习到生活的所有事项，让孩子觉得自己努力的"唯一"成果就是得到物质奖励，如果有朝一日，奖励没有了，孩子自然也就没有努力的动力了。

家长和老师在教育孩子的过程中，难免会使用一些奖励的手段，有些是物质的，比如奖品、奖金等；有些是精神的，比如赞扬、鼓励等。但任何奖励都不是目的，只是手段，是催化剂，促进孩子积极地完成某项事情而已。在我看来，与时俱进的家长，应该采取物质奖励与精神奖励相结合的方式来激励孩子进步。

萧萧的爸爸在这方面就做得很好。

萧萧是个懂事的男孩子，学习习惯良好，成绩也不错，可就是上课不爱主动举手发言。萧萧爸爸在和儿子沟通中发现，儿子不爱发言的原因是他觉得老师上课讲的东西都很无聊，他什么都懂。萧萧爸爸问儿子："那你觉得什么不无聊呢？"萧萧说："兵器。"原来，萧萧从小特别喜欢看军事方面的书，对战争、兵器等很感兴趣。于是，萧萧爸爸就和萧萧约定："如果你每天上课主动发言三次，坚持一个星期，爸爸就送你一本兵器图书。"萧萧点头答应了。

不仅如此，萧萧爸爸也主动和萧萧的老师取得了联系，告诉老师自己和儿子之间的协议，请老师协助观察。老师了解到萧萧独特的爱好后，也在班里组织了一次班队活动，主题就是"和平时代的新型兵器"，并让萧萧担任整个活动的策划和小主持人。班队活动很成功，萧萧也成了其他同学心中的偶像，被大家称为"萧将军"。

成了同学崇拜的对象，萧萧在每天课堂上的发言绝不仅仅只有三次了。只要他知道的问题，他都踊跃地举手回答。渐渐地，他也体会到了课堂发言的乐趣。

萧萧的爸爸也履行着自己的诺言，每个星期送萧萧一本有关兵器的书。节假日，萧萧的爸爸还带着萧萧去参观军事博物馆、历史遗迹等，以孩子的兴趣爱好为突破口，和孩子找到共同的话题。爸爸还谦虚地拜儿子为师，向儿子学习一些历史和军事方面的知识。正是爸爸的理解、称赞和奖励，让萧萧变得更加自信，让他知道为了理想必须从小付出努力。后来，上课发言对萧萧来说，就是平常事了。

心理研究显示，精神奖励作用的持久性远比物质奖励长，家长应该根据孩子的年龄特点，调整好精神奖励与物质奖励的比例，并且用得适当，用得合理。有时，家长或者老师要故意延长奖励的时间，增加孩子被奖励的难度，如果孩子总是能轻易得到想要的东西，那么奖励对孩子就失去了吸引力，奖励的作用也就微乎其微了。

饶老师温馨提示

每个孩子都有独特的个性，天生外向且喜欢表现自己、老师一提问就迫不及待举手回答的孩子，在每个班级里绝对不超过三分之一。

孩子上课不爱举手发言，各有各的原因。家长和老师应该首先找到原因，对症下药，一起想办法，巧配合，让孩子在课堂上变得更加积极。如果家长和老师都努力了，孩子依然不爱发言，家长也不必太过焦虑。孩子上课不爱主动回答问题，并不代表他长大了就是一个不会和人交流的人；同样，从小总是发言积极、擅长表现的孩子，长大了不一定就是个很懂社交的人。

常常有成年后的学生来看我，我发现其中有些孩子的性格和年少时反差极大。这是因为孩子在成长过程中，会受到家庭环境、社会环境等方面的影响，有些孩子的性格也会随年龄、环境等的变化而变化。如何让内向、胆小、不爱发言的孩子在童年时期健康快乐地成长，才是家长最应该关心的事。

03 孩子上课爱讲话，教育不必太正经

很多时候，面对这些性格各异的小家伙，教育他们时不必一本正经，更不必气急败坏或大呼小叫。我们只要用爱，再加上一点幽默感和小创意，一样能让孩子改掉某些坏习惯。

说到孩子的问题，家长总是有操不完的心，上课沉默寡言的孩子让家长担心，上课总爱讲话的孩子也让家长忧虑。

“老师总说你上课爱讲废话，你就不能管住你自己的嘴巴啊？”

当家长一本正经地戳着孩子的额头责备时，老实的孩子会眨巴着眼睛望着你，一副可怜兮兮的样子；狡猾的孩子也许会习惯性地辩解：“不是我，是某某某硬要找我讲话啦！”

上课爱讲话的孩子多数属于性格外向、开朗的类型，他们往往精力充沛，只要能在课堂上抓到一点机会，就会“不甘寂寞”地找人说说话。

做老师的，多数不太喜欢上课有学生随便插嘴、讲话的现象，因为每节课老师都要完成一定的教学任务，如果孩子插

话、讲悄悄话，很可能影响老师的教学进度，所以老师面对此类情况肯定会严加干涉。

我刚做老师的时候，也特别喜欢安安静静的课堂，台下几十双眼睛专心致志地盯着我，让我觉得自己的职业很神圣，恨不得把所有知道的知识都掏出来教给学生。如果其中有孩子讲悄悄话，我也会立马摆出教师的威严，沉下脸，瞪一眼说话的孩子。如果孩子再讲话，我很可能就会毫不留情地指着他，说："站起来。"班里也会立即安静，没人再敢吱声，毕竟对于小孩子来说，站起来听课是很没面子的事情。

在安静的课堂上，我确实每节课都能按时完成教学任务。但是我发现，班里的孩子和我并不亲近，有些孩子在路上看到我也故意绕开。这对当时年轻的我来说，有一种强烈的挫败感。并且，孩子上课虽然不敢讲话了，但是搞小动作的越来越多，举手发言的更是寥寥无几，甚至还有孩子上课睡觉流口水。很长一段时间内，我觉得自己在讲台上是演独角戏，非常没劲，班里的整体成绩也并不理想。

有一天上课，我正讲到兴头上，突然看见班里一位男生嘉瑞正在和同桌说笑，嘉瑞捂着嘴巴笑得抖动着肩膀，全然没有注意我正盯着他。班里立刻安静下来，气氛骤然紧张，其他孩子的目光同时投向嘉瑞，等着他被我批评。那天，可能是我的心情也不错，我一改常态，不但没有沉下脸来斥责嘉瑞，反倒笑着说："嘉瑞，什么事那么好笑？看你开心成那样，一定是很好笑的事情吧？说出来和我们分享一下吧！"

听见我这么一说，所有的孩子都笑了，嘉瑞红着脸看着我，不好意思地挠挠头。我没有继续追问，而是说："好，既然嘉瑞不想说，那就下课再和大家分享你的开心事吧，我们继续上课。"

说也奇怪，接下来的课堂大家反应更加积极了，举手发言的孩子明显增多，嘉瑞也听得很认真。

这件事给我的启示很大，孩子喜欢的并不是一板一眼的老师，太严肃的老师会和学生产生隔阂，使得学生不敢靠近老师，除了躲避老师就是在老师面前保持沉默，这不利于教学活动的顺利开展。

后来，我参加了骨干教师的培训，了解到一名优秀教师身上应该具备的主要特征依次为：富有幽默感、责任心强、尊重和关爱学生、和蔼开朗、专业技能强、外表端庄大方等。

幽默感出乎我意料地被排在了第一位。

我开始尝试着改变，让自己懂得幽默，我很快发现这种改变在教育中产生了越来越好的效果。

比如孩子上课讲话，我不会见到就责备，我会首先了解他讲话的内容，如果是和课堂有关的，鼓励他大声讲出来和大家讨论。如果是和课堂无关的，面对低年级的孩子，我会做出倾听的动作说类似的话："听听，教室里哪里有蜜蜂嗡嗡嗡的声音？大家找一找吧！"这时，讲话的孩子会心知肚明地安静下来，这样也不会伤到孩子的自尊心；面对高年级的孩子，我有时会说："接下来是中场休息时间，插播一则笑话……"此时，老师可以讲一个笑话，也可以鼓励班里的同学讲一个笑话，活跃课堂气氛，然后继续开始上课；老师还可以马上停止讲课，对大家说："现在进行三分钟木头人比赛，不准说话不准动，看谁最先犯规。"这样的调剂活动，看似耽搁了几分钟，却能有效地活跃课堂气氛，使课堂充满生机和活力，得到的教学效果比死气沉沉的四十分钟教学要好很多。更重要的是，这些活动拉近了师生之间的距离，让孩子更喜欢老师，喜欢老师上的课，同时孩子对老师的恐惧感也会消除，感受到老师是那样的可亲可爱。在这种情况下，只要老师的课堂有特色、有亮点，能吸引学生的注意，孩子自然不会再随便讲话了。

对家长来说，同样如此。对自家小孩上课爱讲话这件事情不要过分焦虑。要知道，孩子上课爱讲话是很正常的，很多成人在开会听课时都很难做到完全安静，为什么要对孩子这么苛刻？如果你的孩子上课从来不讲话，总是坐得端端正正地听课，说不定你又要有新的焦虑了。

我有一个同事曾老师教我们班的美术课，我们班的孩子素来活跃，课堂上爱讲话的也不在少数。曾老师多次向我提过："饶老师，你们班的孩子确实聪明，就是上课太活跃了，我每次上完一节课，都比在其他班上两节课还累。我最喜欢你们班的乐乐和西西，坐在第一排的那两个孩子，上课从来不讲话，老师让做什么就做什么，听话得不得了！"

我和曾老师关系不错，于是，我笑着反问她："那如果乐乐和西西是你的孩子呢？"

匆匆看一下分数，说："下次努力！"便签上了大名，很少去分析孩子试卷上的问题。乔乔爸爸潜意识里总觉得这是"小考"，不要紧，只要孩子期末"大考"能考好就可以了。所以，每次到孩子期末考试的前两个星期，乔乔爸爸就会特意放下所有的事情，专门回家给孩子补习功课。有时，乔乔爸爸会把孩子逼到晚上十二点还不让她休息，用乔乔爸爸的话说："我小时候念书也是临时抱佛脚，效果还是不错的！"

乔乔在小学低年级的时候，虽说平时成绩不怎么好，但在爸爸的突击辅导下，期末总能取得不错的成绩。为此，乔乔爸爸很是骄傲，认为他的功劳最大。但是，当乔乔进入高年级后，乔乔爸爸突然感到期末前给孩子复习的强度越来越大，因为孩子学的知识增多了，难度也加大了，对有些问题，乔乔爸爸也把握不定。乔乔的叛逆心理也日渐严重，开始抵抗爸爸的突击复习辅导，父女俩的关系日益紧张，乔乔很难在期末考试中取得"辉煌"成绩了。

小学教材往往是分单元编排的，每个单元围绕着一个主题。每单元结束后自然会有一个单元检测，让孩子对该单元的知识做个归纳性复习。这样的单元检测最能真实有效地反映出孩子本阶段的学习情况。如果孩子该单元检测成绩不理想，老师和家长要在第一时间内分析孩子在学习上的问题，并进行针对性的辅导。若错过了这一时间，孩子又进入了下一单元的学习，那很可能会遗留一些问题，影响孩子新一阶段的学习，如此循环，孩子往往会"负债累累"，当问题堆积下来，孩子则需要花费更多的时间来进行补习。

打个比方，单元测验就像是一颗颗珠子，只有被坚固地穿在一起，才能形成一条完美的“知识项链”。如果其中一颗珠子没有穿好，项链很可能随时断掉。若重新再把它们穿起来，则需要花费更多的时间。

在开家长座谈会的时候，我也会告诉家长：“重视平时测验，平时成绩好比地基，只有地基打好了，才能保证房子牢固而漂亮。若平时没有学好，也就是地基没有打好，期末考试成绩偶尔很好，也是华而不实的空中楼阁，随时会坍毁。”

所以，每当我将单元试卷发下去，第二天收回时，总能见到很多负责的家长在试卷上写上自己对孩子在该单元测试中的情况分析报告，有的家长分析得十分仔细，令我很感动。我也会认真地看家长的分析报告，然后在接下来的教学中有针对性地重视一些问题，有效地避免孩子再犯类似的错误。

这就是平时测验的意义所在。

而小学生的期末考试不像中考，更不像高考，它只是一学期结束时必须画上的一个句号而已，并没有什么决定性的意义。而且，小学期末考试有很多客观的因素影响孩子的成绩：试题的难易程度、监考老师的严格与否、评卷老师的评判尺度等等。所以，期末考试时，平时学习很优秀的孩子有时还不如学习一般的孩子考得好，但这都是正常的情况。如果老师和家长只以期末考试的成绩去表扬或者批评孩子，这对孩子来说，是非常不公平的。

因为我自己做老师，所以我有这样的切身感受。每当女儿拿着单元测验的试卷回家，我定会先仔细看看她的试卷，看她错在哪里，出错原因是什么。如果是解答全部正确的试卷，我也要仔细看看，女儿是怎么答题的。对于分数的高低，我并不介意。女儿知道我不在意她的分数，即便是考得不好，她也会坦然地交出试卷，完全没有心理压力。

如果大人过于重视孩子的期末成绩，反倒会给孩子巨大的心理压力，造成考试的失误。比如，有的家长会在考试前反复对孩子说："考试不要紧张，仔细做题，多检查几遍……"这样的话，不但对孩子没有帮助，反而加重孩子的紧张心理。正确的做法应该是在考试前，家长帮助孩子转移注意力，勿把过多的心思放在"明天要考试"这件事情上，只要引导孩子做好考试前的相关准备，家长便可以多和孩子交流一下其他话题，例如放假后的计划等。对于平时成绩优秀的孩子，考前不必勉强孩子复习，只要孩子觉得有把握，甚至可以不复习，休息好就行。对于平时成绩不理想的孩子，家长可以带着轻松愉快的心情和孩子一同复习，复习的方式应该多元化，尽量以比赛、游戏为主，激发孩子复习的积极性，从而让孩子对即将到来的考试充满期待。

家长过分重视孩子期末成绩很主要的一点，就是虚荣心作怪。每到期末考试结束后，也正是孩子放假的时候，家长带着孩子走亲访友、出门游玩时，难免会遇到熟人。现实生活中，很多大人也确实很"八卦"，一见到小朋友，总爱问："期末考了多少分啊？”考得好的孩子自然可以得意扬扬地回答，考得不好的孩子会十分难受，他们爱面子的家长在一旁也会觉得颜面尽失。某些家长喜欢相互攀比，正是大人这种不良的心理让孩子的期末成绩变得尤为重要，让小学阶段的孩子过早地背负了考试的压力，也让很多孩子在本该快乐的假期过得“惨兮兮”。

期末考试后、假期中，拜托大人见到可爱的小朋友，别再八卦地问孩子的期末成绩，而是问一问：“假期打算怎么玩？有什么特别的计划？”这不是很好吗？

饶老师温馨提示

家长和老师应该充分重视孩子平时的每一个小测验，及时了解孩子的学习问题，帮助孩子解决。奖励孩子时，不应以分数为标准，应该以孩子取得的某项进步为依据，如孩子做题变得仔细了，书写变得工整了，做作业速度提高了等等。这样孩子才不会过于看重分数，造成考试前的紧张。

对于平时成绩优秀的孩子，考前不必勉强孩子复习；对于平时成绩不理想的孩子，家长可以用比赛或者游戏的方式带着孩子一同复习，激发孩子复习的积极性；对于有考前紧张心理的孩子，家长可以引导他们在考前进行一些自我调节，如心理暗示，告诉自己（可大声喊出）：“我复习得很充分。”“我一定能考好。”“考试对我来说就像玩游戏一样轻松！”……

05 孩子做作业，家长放风筝

孩子做作业时，家长应该像在放风筝，心中留有一根线，先让孩子远远地飞出去，让他自己翱翔，即便他在空中遇到一些颠簸，也不要着急收线。

在我的读者群里，家长们爱讨论交流的问题便是："孩子做作业拖沓怎么办？""必须陪孩子做作业，不陪孩子，孩子做作业就要出错。""每天要催促孩子很多次孩子才做作业。"……

一个问题抛出来，热心的家长会纷纷出主意，我也会提出一些自己的建议，但是，我最想说的是：做作业是孩子自己的事。家长如果太过关注，孩子反倒有依赖性，认为做作业是为家长而做。但如果家长完全不管，放任自流，也是对孩子不负责任的表现。

那么，如何管才管得恰当？孩子做作业时，家长应该像在放风筝，心中留有一根线，先让孩子远远地飞出去，让他自己翱翔，即便他在空中遇到一些颠簸，也不要着急收线。

小米是个贪玩的男孩，从进小学一年级开始就不知道做作家长首先要明白，做作业的目的是什么，是让孩子巩固知识，培养孩子良好的学习习惯。

如果孩子每次做作业都要家长再三督促甚至从始到终陪伴，那还能有效地达到孩子做作业的目的吗？

我从前教的班里有一个男生叫小七，他的父母在他三岁的时候就离婚了，小七跟着爸爸。小七爸爸是个生意人，平时非常忙，每天回家很晚，为了不耽误小七的学习，小七爸爸给小七请了家教，每天辅导小七完成老师布置的作业。虽然小七每天的作业都能按时上交，可是一到考试，他的成绩却很不理想。

我找到小七的爸爸告诉他小七的情况，小七的爸爸无奈地说：“我们给小七换了好多个家教了，我也真的是尽到责任了。老师，您说该怎么办？”

“别再给小七请家教了，告诉他做作业是自己必须完成的事情，就像大人必须要完成自己的工作一样。”

“不请家教行吗？我又不能保证每天按时回家，万一他不完成作业或者乱做，怎么办？”小七爸爸焦虑地看着我。

“您放心，只要我们好好配合，孩子一定会有进步的。”我说。

于是，我和小七以及班里做作业拖沓的孩子有了这样的约定：“我们班最近要评选第一轮‘作业效率王’，就是在你们中间选出做作业做得又快又好的冠军。

“你们每天回家必须独立完成作业，家长是计时裁判，开始做作业的时候，让裁判给老师发个消息，完成作业后，裁判再给老师发个消息。

“一个月后，我要统计出谁做作业的时间最短、完成作业的质量最高。他就是第一轮的‘作业效率王’，不仅会在全班公开表扬，还可以得到奖状和奖品。”

孩子们听了都很兴奋，回家以后纷纷告诉家长这个有趣的比赛。

小七的父亲不再给小七请家教，按照我的办法，每天在小七做作业之前和做作业结束以后都让小七的爷爷给我发一个具体的时间。

坦白地说，在执行的最初阶段，小七做作业的时间确实还是很长，可是我每天都会在班里有意无意地说出前一天的“效率王”，有时虽然不是小七，我也故意点小七的名，说他是第一名。

这帮参与比赛的孩子中，每天都有不同的“第一名”，大家的积极性越来越高，一个月下来，孩子们回家的第一件事情就是快速地做作业，从起初的参与比赛变成了一种习惯。家长只做时间裁判，也感觉轻松了很多。

我忘了最后的“作业效率王”颁给了谁，好像包括小七在内所有参与比赛的孩子我都发了奖状和小奖品，但是比赛的结果已经不重要了，重要的是在老师和家长的配合下，这些孩子做作业不再拖沓了。

虽然说，做作业是孩子自己的事情，尽量让孩子独立完成，但也并非是让家长完全甩手不管。管孩子的作业，一定要管得得当。放风筝，要根据孩子的实际情况放线和收线。

首先，要根据孩子的年级情况。

如果是刚入学的一年级新生，孩子识字量不大，学习习惯还没有养成，这种情况下，家长在开学后的前一个月左右可以陪在孩子身边和孩子一起完成作业。要注意的是，你需要做的，只是告诉孩子做作业的格式和一些孩子不理解的题意。如果发现孩子在做作业的过程中出现了错误，不要马上急于指出。马上给孩子指出，不仅会让孩子在做作业中一直处于紧张、焦虑的状态，也会使孩子养成依赖父母的习惯。父母应该让孩子全部完成后，再给孩子指出错误。

一个月过后，孩子渐渐适应了小学生活，养成了一定的学习习惯，家长就要学会放手，放手不是突然不管，而是渐渐减少陪同的时间，直到不再陪同。孩子在做作业中遇到困难，大声呼喊家长时，家长不要立即出现在孩子身边，可以告诉孩子："宝贝，你先把会做的做完，不会的待会儿妈妈再给你讲。"这样做，便于让孩子养成独立做作业的习惯，到了小学中高年级，家长绝对不能再陪同孩子做作业，对孩子不会做的作业，家长可以让孩子自己想办法解决，或查找资料或咨询老师和同学，实在不行再求助家长。

其次，如果老师要求家长每天检查孩子的作业并且签字，家长有时间就应该配合。有的家长会生气地说："老师总让家长检查作业，那老师做什么？"

其实家长大可不必有这样的怨言，现在的公立学校，老师面对的是几十个孩子，老师批改孩子的作业时，不可能针对每个孩子出现的不同问题，一一让孩子改正。如果家长每晚有时间在孩子做完作业后，给孩子检查，提出问题，及时修改，不仅能很好地让孩子查缺补漏，也能让孩子感到父母的关心，同时还减轻了老师的工作量。如果家长实在没有时间给孩子检查作业，除了培养孩子自己检查作业的习惯外，也可以事先和老师说明情况，拜托老师在批改孩子的作业时多留心，及时告诉孩子出现的错误。

我也曾教过一些留守儿童，父母都在外地工作，孩子长期跟在老人身边。如果家长不说，我也不知道孩子的情况，自然是把他和其他孩子一同对待。有些家长主动向我提出，自己不在孩子身边，没有条件辅导孩子的学习，可能无法检查作业的对错，最多只能让老人看孩子有没有做完，给孩子签个字。听到这样诚恳的话，作为老师，我也会特别留意这些孩子的作业，发现他们有错误会及时地让他们改正，也会给他们更多的关照。

饶老师温馨提示

孩子做作业拖沓，我还有些小方法可以推荐给家长。

将孩子做作业的时间划分为几个小的时间段，如把半个小时分为三个十分钟，让孩子在十分钟之内完成规定的作业，做完后休息两分钟再继续完成。他们会觉得只做了一小会儿作业就可以休息，真是太棒了，再开始做作业时他们会精神百倍。慢慢地，家长再把时间段加长。

在孩子做作业之前，家长可以和孩子约定比赛，在规定的时间内，家长必须完成某件事情，孩子也必须做完作业，看谁完成得又快又好。一般来说，孩子对于游戏和比赛这类方式都会比较感兴趣。

使用小闹钟计时、贴五星等方式，帮助孩子养成按时完成作业的习惯。当然，这些方式在低年级的孩子身上效果最好，如果低年级的孩子没有养成好的学习习惯，到了高年级，家长就需要花更多的精力来帮助孩子改正了。

06 好作文不是教出来的，是读出来的

孩子走进写作之门，需要词汇的积累和丰富的语感，这些都要以大量的阅读为基础，家长千万急不得。想在短时间内提高孩子的写作水平犹如拔苗助长，是不现实的。

如果你问一个作家："你是怎么爱上写作的？"我想一百个作家中，有九十九个都会说："我从小喜欢阅读。"

阅读，是孩子通往写作之门的必经之路。

作为老师，我经常会面对一些焦虑的家长，他们会说："饶老师，我从小写作就很差，所以不知道怎么教孩子写作文。"还有的家长认为给孩子报个作文补习班，就可以彻底解决孩子的写作问题。

虽然，我也曾经被聘担任某某作文特长班的老师，但我还是想在这里负责任地说："能写出好文章的孩子，从来都不是老师教出来的。"

老师只能引导孩子走进写作之门，但能真正写出好作文的孩子绝对是靠自己"读"出来的。

“那现在你先别送小强去补习班了，用补课费来给孩子买些书吧！”

“买什么书呢？”

“带他去书店，选他自己喜欢的，只要内容健康就可以。”

一段时间后，小强的妈妈再次找到我，说：“老师，没用！我带小强买的那些书放在家里，他根本不看，每次我让他看，他都不耐烦，随便翻翻就跑去看电视了。这孩子啊，没救了！”

我安慰小强妈妈：“哪有这么严重？这样吧，你按照我的办法做……”

听了我的话，小强妈妈半信半疑地点点头，说：“好，那我试试吧！”

我也单独找到小强，问他：“为什么不喜欢看书？”

他说：“我觉得没意思，一看书就想睡觉。”

“想睡觉你可以大声读出来！”

我告诉小强，每天回家做完作业后，必须大声朗读五页课外书，并且让妈妈监督签字，第二天我会检查。

小强特别听我的话，于是回家照做。而小强妈妈也按照我教她的做法，不但仔细听小强朗读，还和儿子一起读。

周末，他们一家人也会在晚饭后开家庭诵读会，分享阅读的快乐。

这样坚持一段时间后，小强的表达能力有了很大提高，写作文时有话可说了，并且还能用上一些好词、佳句。

每当这时，我就刻意在班里表扬小强，并分析说他的作文里哪句话或哪个词用得好。小强特别开心。

俗话说："书读百遍，其义自见。""熟读唐诗三百首，不会写诗也会吟。"

孩子走进写作之门，需要词汇的积累和丰富的语感，这些都要以大量的阅读为基础，家长千万急不得。想在短时间内提高孩子的写作水平犹如拔苗助长，是不现实的。

作文入门没有捷径，唯一的路就是阅读。

现在，很多孩子去上英文补习班，老师都会要求孩子放开一些，大声地朗读英语单词。

可是有些孩子读中文的时候，却变得扭扭捏捏，年龄越大越不愿开口。其实，阅读，阅读，既要"阅"也要"读"。普通话字正腔圆，韵律优美，只要家长和老师多做示范和指导，孩子一定会爱上阅读的。爱上阅读的孩子，写作起来是不会有那么多困难的，何必再念补习班？

家长还要有这样的认识：孩子会写作文并不等同于写好作文。好的作文补习班的确能教会孩子一些写作的技巧，培养孩子行文架构的能力，让孩子会写作文。但若想让孩子写好作文，关键还是要让孩子形成自己独特的文字风格。

一个多年参与高考作文评分的老师曾经说："在评判高考作文时，往往那些有特别的文风、不同寻常的文章结构和有独到观点的作文会让我眼前一亮，判高分或者满分，但这样的文章不多，多数的文章还是传统的、平常的、没有亮点的。"

再看看那些成名的、有影响力的作家，他们的作品都带有自己鲜明的特色。

因此，需要让孩子从小形成自己独特的作文风格，不要人云亦云，总是模仿别人，这是老师和家长要特别注意的。如果一个班几十个孩子，写出来的作文内容、结构、遣词造句等都大同小异，可以说这个班的语文老师是失败的。

我曾经听到一个老师这样教班里的学生："写考试作文，字数必须写满格再多一排，开头必须怎样，结尾必须怎样……"这种教学方式实在是让人不敢恭维。我在评卷中也见到过一个班级所有学生的作文都像是一个模子里刻出来的，虽然这样的教学，班级的整体成绩没有风险，但是却不知扼杀了多少孩子的想象力和创造力。

让孩子数字数、凑口水话、模仿抄袭都是作文教学的悲哀。

每个孩子都应该写出有特色的作文，正如每个孩子都应该是独一无二的自己。

让孩子从小养成阅读的习惯，并不仅仅是让孩子学会写作。阅读启迪智慧，阅读让人变得优雅，有内涵。阅读，甚至可以改变人生。

有一项对发达国家家庭收入和支出的调查显示，多数家庭会用家庭收入的十分之一给孩子购买书，这在我们中国家庭中，是很难达到的。

另一项调查显示，全世界每年人均阅读量排名第一的是犹太人，他们一年平均每人阅读六十四本书；而中国十三亿人口，除去教科书，平均每人一本都不到。

所以，要想让孩子爱上阅读，大人首先应该以身作则——离开电视，离开电脑，离开手机，和孩子一起享受阅读的快乐！

01 辅导孩子功课，家长自带“灭火器”

辅导孩子功课的时候，家长一定要有足够的耐心，保持乐观的情绪。最好自带一个“灭火器”，随时浇灭心头燃烧的怒火。这样的做法对孩子、对自己都是有益的。

你有过这样的经历吗？看着孩子的作业书写得一塌糊涂；给孩子讲题，他似听非听或者不懂装懂；要求孩子改正作业，他极力反抗……

这时候，你是不是抑制不住火冒三丈，情绪激动、声调提高，甚至拍着桌子大叫，直到孩子流泪认错妥协，你的情绪才会平静，但事后，或多或少也会有些懊悔呢？

不管是老师还是家长，都会有给孩子辅导功课的时候。这个时候，如果大人不能控制好自己的情绪，辅导不仅完全没有作用，还会得到反效果。

我刚做老师的时候，性格也很急躁，给学生讲题的时候，多讲几次，学生还是不懂，我就会发脾气。

那时，我们班有个叫小雨的男生，他动作非常慢，往往是别的同学已经完成了作业，他才刚刚提笔。

不仅这样，小雨的记忆力也不太好，有时教他拼读音节，一个音节教上几十遍，他才会拼，可是过几分钟，你问他，他就会摇着头说忘了。

有一次，我把小雨叫到办公室听写生字。我至今还记得那是个“游”字，我给小雨讲了好多次，这个字的右边不是反文旁，而是“一撇一横加一个儿子的子”。但是每一次，小雨在写的时候都会写成反文旁。

“我和你说过多少次，不是反文旁，而是‘一撇一横加一个儿子的子’！‘儿子的子’！你究竟记住了没有？”

我实在控制不住自己的情绪，点着小雨的额头责备着。

他流着泪点点头，然后继续写，要命的是，他还是写错了！

那一刻，我觉得我都快疯了，我把书啪的一下甩到办公桌上，盯着他。他马上意识到自己错了，赶紧擦掉，重新写，终于写对了！

接着我让他把这个字抄写了二十遍，并提醒他下次绝对不能再错。

那时候，我的妈妈还没有退休。我回家跟她谈起小雨的事情，我说：“不知道怎么会有这样笨的学生，每次考试都拖班里的后腿，遇到他我真是倒霉啊！”

妈妈笑着说：“没有哪一个班的学生都是优等生，十个手指头还不一样齐呢！”

妈妈是我们那个城市非常出名的老教师，经常会有一些家长带着孩子慕名前来向她请教。

有位亲戚领了一个小女生来请我妈妈辅导。那位女生的妈妈说："我的孩子脑袋瓜不好使，问题又多，在班里老师都烦她，不愿意教她。现在六年级了，数学总是不及格，我们也没有高要求，希望李老师能让我女儿考试及格就可以了。"

那个叫纤纤的小姑娘真的属于问题超多型学生。我在里屋看电视，妈妈在外面给她讲题，我能听到纤纤一个晚上不断地问问题。

"为什么要用加法呢？""为什么不能用乘法呢？""为什么要先练口算呢？""为什么这里要画线段呢？""为什么今天不做试卷只做练习题呢？"……简直是典型的"十万个为什么"。

有一天，妈妈给她讲一道应用题，讲了一晚上，她都没弄懂，只是摇头问："为什么要这样列式呢？"

我在旁边都听得不耐烦了，可是我妈妈还是非常有耐心地在草稿上给她演算："我来告诉你为什么……"

那天晚上，纤纤用了两个小时的时间，总算是弄懂了那道应用题，跟着她妈妈开心地回家了。

"妈，我真是太佩服你啦！要是我早发火了！"我说。

妈妈说："这样的孩子你对她发火，她一害怕什么都不知道了，这样的话，说不定我用四个小时给她讲解都没用，还把自己气得肝火旺，何必呢？当老师这么多年，我最大的感悟就是：对孩子要有足够的耐心，温柔的坚持永远比愤怒的吼叫管用。”

“温柔的坚持永远比愤怒的吼叫管用。”

我开始实践这句话，不用不知道，一用才惊喜地发现，真的管用——而且还不伤自己的身体。

当小雨第N次把“游”字的右边写成反文旁以后，我把他叫到身边，他吓得脸色发白，说：“我知道我写错了，老师。”

我笑笑，拍拍他的肩，说：“我教你一个记住这个字的方法，你就永远不会错了。你听着：游游游，一个姓方的孩子戴着草帽在水里游。”他跟我念了三遍表示记住了。从那以后，小雨写这个字真的再没错过，我想他一辈子都会记得这个字的写法吧！

孩子遇到学习上的困难，需要老师或家长帮助时，本来他的心情就已经很紧张了，这时候，若是大人再对他发火，他很可能什么也听不进去，只记住了大人发火的样子，甚至本能地和大人进行对抗。这样的情况下，孩子要么一个劲儿地写错，不断地擦了修改；要么不懂装懂，不敢再吭声；要么干脆放下笔，哭闹起来，这样的结果都不是我们想要的。

有的家长也说：“我也知道自己不该对孩子发脾气，可那一刻我就是控制不住自己，该怎么办啊？”

有一个很管用的办法和各位家长分享，那就是和孩子事先约定好，谁也不准发脾气。

我曾经一度对女儿很没有耐心，大概是因为平时在学校面对几十个孩子，上课、批改作业、辅导学生、处理纠纷……每天回到家就感觉特别累，可能做老师的多数都有这样的感觉，对待别人的孩子十分耐心，对待自己的孩子就难免急躁。

女儿还算自觉，基本都是独立完成作业，从她一年级开始，我和她爸爸从来不会陪在她身边做作业，她做完作业后会让我们检查。

有时候，若检查到她的作业有错误，我就会十分严肃地把她喊过来质问："你用心没有？这么简单也出错！"有一段时间，她的书写突然变得很差，我总是摇着头说："看看你写的字，如果是我的学生，我肯定让你重写！"我以为我这样说，她就会改正，但是，她不但没有改的意思，还皱着眉头怒视着我，脸上的情绪全是反抗。

"你这是什么态度？怎么可以这样看着妈妈？说你书写差，你就要重视，好的书写才能让人赏心悦目，老师都喜欢整洁的作业。"我也怒视着她，说着训斥的话和她对峙着。

"每次都是你先皱眉我才皱眉的！"她指着我的额头，愤愤不平地说，"我最讨厌你皱眉的样子，丑死了！"

我一下子就笑了。

如果女儿不说出来，我真的没有意识到我的问题，细细回味孩子的话，反思自己的行为，确实如此。哪一次和孩子的冲突，不是因为我首先控制不住自己的情绪开始的呢？

孩子都是父母的镜子，孩子对大人的情绪是十分敏感的。因此，你发脾气，也一定会影响到孩子的情绪和行为。

从那以后，我和女儿约定好："下一次，如果我们谁先皱眉头，对方就说'熄火'。"

这一招很管用，每当女儿说"熄火"时，我就意识到自己又快发脾气了，我会马上调整好自己的情绪。

想一想，她不过是个几岁的孩子，我不能按照自己的意愿与标准来衡量孩子。当女儿烦躁时，我也会夸张地做着平复的手势指着她的额头说："熄火！"她也不好意思再使性子了，反而会开心地笑起来。

直到现在，我和女儿再没因为她学习上的事情有过什么冲突，她的书写也奇迹般地变得干净整洁了。

所以，发火不能解决根本的问题，特别是在辅导孩子功课的时候，发火只会让情况变得更加糟糕！

我曾经看见一位老师在辅导某位差生的功课时，说不到三句就狂呼大叫起来，她将孩子扯到面前又狠狠推出去，再扯到面前又狠狠推出去，嘴里嚷嚷着："给你讲多少遍了，你还不懂？你脑子里装的什么？你想气死我是不是？"

老师气得捶胸顿足，学生吓得浑身发抖，辅导完全没有效果，最后"两败俱伤"。

还有一些家长，只要看到老师留下孩子去办公室辅导功课，家长就拿出一副"恨铁不成钢"的样子，对着孩子大骂："叫你上课不听讲！叫你不好好学习！老师，你狠狠打就是了！我们做家长的绝不会庇护孩子！"

甚至有些控制不住情绪的家长当着老师的面就将巴掌挥向

孩子，在这种情况下，但凡有爱心的老师都会感到十分尴尬，不敢再说孩子半句不是。而孩子的自尊心也将受到极大的伤害，根本没法静下心来听老师的讲解。

最初，每一个孩子对学习都是有兴趣的，希望自己能学得好，得到老师和家长的肯定。但学习是一个漫长的过程，孩子总会遇到一些困难而需要大人的帮助。

如果因为学习上的问题，大人对孩子怒发冲冠，以后，孩子遇到问题还敢问你吗？再遇到问题，孩子要么掖着藏着，要么不懂装懂，积累的问题越来越多，学习成绩自然会下降，久而久之，孩子也将逐渐失去对学习的兴趣。这才是最可怕的。

家长一定要牢牢记住，在对待孩子的学习问题上切不可发火！家长应该根据自家孩子的性格特点，和孩子找到学习上最佳的沟通方式。

小贝妈在单位是领导，习惯了居高临下，用命令式的口吻对下属说话。小贝的数学不是很好，每一次小贝妈给小贝辅导数学时，小贝若弄不明白，小贝妈就忍不住大呼小叫，甚至动手拧小贝的耳朵。

但每次发完火后，看到小贝发红的耳朵，小贝妈又是心痛又是后悔。有一天，小贝妈给小贝辅导作业的时候，小贝爸递来一个小凳子，当小贝妈坐下时，小贝天真地对妈妈说："妈妈，这样你就和我一样高了！"看着儿子可爱的样子，小贝妈满心怜爱。她突然领悟，以前自己都习惯站着跟坐在书桌前的孩子讲题，或是坐在高椅子上俯视孩子，看不到孩子的表情，难免发怒！

和孩子平视或是比孩子坐得低一些，更容易拉近和孩子的距离。看着孩子的眼睛和孩子沟通，家长还怎么忍心对孩子发火呢？

愤怒是互相的。在愤怒中，人接收信息的通道会变得狭窄，对信息的理解也会变得片面。面对孩子，家长不仅要学会控制自己的情绪，而且还要帮助孩子调节情绪。家长有责任在亲子关系中发挥主动性，让孩子在轻松健康的氛围下快乐学习。

饶老师温馨提示

在辅导孩子功课的时候，老师和家长一定要有足够的耐心，保持乐观的心态。家长和老师最好心中自带一个“灭火器”，随时浇灭心头燃烧的怒火。这样的做法对孩子、对自己都是有益的。家长如果一味地对孩子发火，采取高压政策，孩子一定会产生逆反心理，与父母产生敌对情绪。做父母的把全部的精力都花在了孩子身上，却换不来孩子的理解，何必呢？

当你实在无法控制自己的情绪时，建议你暂时离开孩子，找个安静的地方先让自己平静，然后告诉自己：孩子就是大人的镜子，孩子的一言一行都反射着大人的影子。这时你应该知道该怎么做了。

对孩子要有足够的耐心，温柔的坚持永远比愤怒的吼叫管用。

02 走进孩子的心，从共同的爱好开始

要想走进孩子的心，和孩子坦诚交流，首先就要找到和孩子共同的爱好，从爱好开始，是最便捷也是最轻松的方式。

每一次，我和家长朋友交流的时候，总有家长会说：“我觉得孩子没话和我说呢！”“经常和孩子说话，他都爱理不理的。”“好像孩子越长大越和我生分了。”……

当家长有这样的感觉时，你应该意识到，你和孩子之间已经有了距离，如果你不重视，这距离将会越来越大，直到有一天，孩子彻底对你关上心门。

孩子在成长，成长的每一天都有微妙的变化，很多孩子到了青春期就变得难教育，变得捉摸不透，脾气古怪，家长往往会宽慰自己说：“是因为孩子到了青春叛逆期了。”其实，很多青春期的问题都是在青春期之前埋下的，只不过因为那时，多数孩子即便是有不满情绪，也只会埋在心里。但当孩子一旦进入初中，他的自我意识更加强烈，内心积聚的不满越来越多，

无处释放，对父母和老师的抵触情绪也就产生了。

如果在孩子的小学阶段，父母能和孩子建立起一种平等的相处方式，能让孩子在父母面前敞开心扉、放松心态，那么孩子也能平稳地过渡到青春期。

我教过一个学生叫小龙，上学放学的路上，我经常会见到小龙的妈妈牵着小龙的手，小龙妈妈年轻漂亮，和小龙一样，眼睛又黑又亮，见到我也总是很热情地打招呼。

有一次，小龙到我办公室交作业，我无意中说："小龙，你妈妈真漂亮。"他沉默了三秒钟，突然说："她不是我妈妈。"说完，飞快地跑出了办公室。

我一时愣住了。

后来有一天，小龙的妈妈来到学校找我，她告诉我，她姓俞，是小龙的后妈。我这才明白，为什么小龙要那么讲。

"可是小龙长得很像你啊！"我不由得说。

"是的，很多人都这么说，可能这就是缘分吧！"小俞随即叹了口气，说，"我和小龙爸爸结婚后，我也不打算再要小孩了，就想把小龙当作我自己的孩子。可是，我对小龙再好，小龙还是不肯接纳我似的。饶老师，小龙很喜欢您，您能不能帮帮我，让小龙接纳我呢？"

"小龙才上一年级，走进这个年龄孩子的心，相对来说，应该是比较容易的。既然您决定把小龙当作自己的孩子，我相信一定有办法让小龙感受到您对他的爱，先不用急于让孩子叫您妈妈，先让孩子喜欢和您交流，这是第一步。"我说。

“怎么样让孩子喜欢和我交流呢？平时，他一回家就做作业，做完作业我给他检查。然后他就看电视，我做晚饭。等他爸爸回来，一家人吃完饭，休息一会儿洗洗就让他睡了，我们除了日常生活上的交流，好像真没什么可说的，而且小孩子的心思，我也不是很明白。”

“您知道小龙平时喜欢做什么吗？”我问小俞。

“喜欢看漫画书吧！”她想想说。

“那就从这一点开始吧！”

小俞回家后，按照我给她的建议开始试着走进小龙的心。她买了一些漫画书，回家后，并没有直接交给小龙，而是自己坐在沙发上津津有味地看起来。

小龙自然很好奇，主动走上去问：“俞阿姨，你也喜欢看漫画书吗？”

“是啊，我最近才发现这些书可真有趣！”小俞说。

“最有趣的是这本！”小龙得意地从中挑出一本递给小俞，“看 32 页，笑死人啦！”

小俞接过来，按照小龙的介绍看完后，笑得前仰后合，快乐是传染的，小龙看着小俞这么开心，也不禁哈哈大笑起来。

当小俞给我讲到这一幕时，我眼前就立刻浮现出那快乐的场景。小俞还说：“现在，我和小龙有专属的看漫画时间，就是在小龙做完作业吃晚饭之前。小龙爸爸每天只好早早回家做晚饭啦！不过，当他看到我和小龙的关系越来越融洽，他也挺开心的，他说累一点也值得！”

“虽然我的妈妈不是我的亲妈妈，但是我很喜欢她，她长得漂亮，又喜欢和我一起玩，我在家里再也不会觉得无聊了。我现在叫她俞妈妈，我很开心。”小龙写的周记，满溢着幸福。

兴趣爱好，是孩子学习的第一老师；兴趣爱好，也是大人和孩子建立亲密关系的一把金钥匙。在一个家里，和孩子最亲密的那个人，往往是和孩子相处最多、交流最多的人。而孩子，也最愿意把心事告诉这个人。

每个孩子都有自己的爱好，有些爱好会遭到家长的反对，造成亲子关系紧张，甚至发生冲突。但真正聪明的家长会利用孩子的爱好，拉近和孩子之间的距离。

我在一次家长座谈会上，让家长畅谈自己的教育心得，和大家分享。晓波妈妈的讲述让所有家长都受益匪浅。

“晓波以前最喜欢玩电脑游戏，每天回家草草做完作业就打开电脑玩，我一训他他还威胁说不让他玩电脑他就不上学了，有时我恨不得把电脑砸了！我怕晓波的视力受损，更怕他有了网瘾戒不掉。为这事，我经常责怪晓波爸爸，怪他没事和孩子玩游戏，不管教孩子。晓波爸爸问我：‘你知道晓波玩的什么游戏吗？’‘我不需要知道。’我气愤地说。‘那晓波平时给你讲他的心事吗？’‘他平时见到我像仇人似的，话都不想跟我说。反正在家里你扮好人我扮恶人，你满意啦！’我越说越生气。后来，晓波爸爸认认真真地跟我长谈了一次，他让我改变和儿子的相处方式，试着和儿子一起玩游戏，说不定会有新发现。虽然我很不情愿放下妈妈的架子，但也答

饶老师温馨提示

很多年轻的家长心里都明白：我要和孩子做朋友。但在真正的生活中，能做到的家长还真不多。

想真正做孩子最信任的朋友，应从心底放下家长的架子，把自己当作孩子，和孩子一起长大。因为只有你们始终站在同一个高度，才能对话，才能做朋友。家长要充分了解孩子的兴趣爱好，多和孩子互动游戏，遇到问题一起商量解决，不要总是以过来人的身份讲道理。有时，家长还可以适当向孩子请教，请孩子帮忙，甚至撒娇，让孩子觉得与父母没有距离。有和睦稳定的家庭气氛，幽默智慧的父母才能培育出健康向上的孩子。

03 孩子本无“病”，何苦强求医

生活中，真正有“病”的孩子绝对是少数。老师和家长千万不要随意给孩子冠以某“病症”，引起孩子的心理恐慌。如果因为大人的无知，妄下判断，最受伤的是孩子。

柏奇是个好动的男生，他刚上一年级的时候，所有任课老师对他的第一印象都是这孩子上课坐不住，总是做小动作，没有一刻能静下来，哪怕在做作业的时候，他也是一只手写字，另一只手在玩东西。

班主任建议柏奇的父亲带孩子去医院检查一下，看孩子是否有常说的“小孩多动症”。

柏奇的父亲焦虑地带着柏奇去当地的一家医院挂了号。医生听完孩子的“症状”，开了一些治疗多动症的药。

柏奇服用药物一年多，好动的毛病一点没减少，个子还比同龄人矮了一截。更糟糕的是，班里的孩子知道柏奇在治疗多动症，都嘲笑他有病，柏奇也认为自己有病，只要老师一批评他上课不认真，他马上就会说：“我有多动症。”老师也拿他没办法。

后来，柏奇的班级换了一个班主任，新班主任通过对柏奇的观察，一段时间后她很肯定地对柏奇的父亲说："你的孩子根本没有病，他只是比较爱动而已。他的智商很高，上课虽然在做小动作，但我发现我讲课的内容他都在听，我们需要帮助孩子改掉坏习惯，而不是给孩子治'病'。"

柏奇的父亲听了新班主任的建议，给孩子停了药物。在家长和老师的共同努力下，柏奇也在一点点进步，不仅成绩提高了，还增强了自信心。班里的孩子也在老师的引导下改变了对柏奇的看法。

生活中，真正有"病"的孩子绝对是少数。老师和家长不能因为孩子内向、不善交往就判断孩子有"自闭症"，也不能因为孩子爱动就判断孩子有"多动症"，更不能因为孩子在某方面和其他孩子表现不一致就给孩子贴上"有心理疾病""弱智"等标签。自闭症、多动症不是普通的心理问题，而是精神疾病，确诊需要带孩子到有专业资质的医院检查，还要经过医生长期的诊断和一系列的检测才能确定结果。如果老师和家长无知，妄下判断，最受伤的是孩子。

在一次讲座中我认识了一位家长王女士，王女士在听讲座的过程中一直沉默不语，亦未举手和我交流。讲座结束以后，她却走到我的面前，说要和我单独聊聊。

王女士对我说："饶老师，我是一个单亲妈妈，我有一个女儿叫芹芹，现在上三年级了。芹芹很乖很听话，可就是不爱说话，在学校没有一个好朋友，老师也从没听过她说话。

“她回家对我说话也是惜字如金，我真怀疑孩子有自闭症，一直很担心，又不敢带孩子去检查，害怕面对真相。我听说，自闭症儿童很难医治。”

王女士边说边擦拭着眼泪，我完全能从她的言语中体会到为人母却又无能为力的心痛。

“坦白说，我不是医生，不能从您短短的描述中判断芹芹有没有自闭症。”我说，“但是，芹芹的状况让我想到了我曾经教过的一个学生小米。”

我曾多次在讲座中讲到小米的故事。小米也是个特别不爱说话的女孩，特别到我问她什么，她几乎都只用点头摇头来表示，实在不能用动作表示的情况下，她就咬着嘴唇眼泪汪汪地看着我。

如果我非要逼她说，她宁可写在纸上也绝对不张口。同学们送了小米四个字“金口难开”，还有同学怀疑小米本身就是哑巴。

我多次找到小米的妈妈，告诉她小米的问题。小米的妈妈总是笑着说：“饶老师，小米在家里会说话，她绝对不是哑巴。”

“那小米会不会有自闭症呢？”当时，年轻的我非常无知，居然能问出这样的问题。

小米的妈妈立即收住了笑容，她非常坚定地告诉我：“我的女儿没有自闭症，她只是不爱表达而已，我会努力让她改变，我也相信她会改变，请老师多给我们一点时间。”

小米妈妈的话让我脸红了。很长一段时间，我都在反省自己：作为老师，没有专业的知识，我有什么理由随便怀疑孩子有病呢？

为此，我内疚了很久，并且还专门咨询了这方面的专家，专家告诉我：不是孩子有言语障碍和人际交往障碍就一定是自闭症，判断一个孩子有无自闭症需要大量的测试才能诊断，比如：孩子和别人说话是不是没有眼神接触或者很少有眼神接触，孩子是不是总不合时宜地大笑或傻笑，孩子是不是兴趣狭隘，行为刻板机械，等等。

听了专家的话，我仔细观察小米，发现小米真的不是自闭症。我再次为自己的无知感到羞愧，赶紧跟小米的妈妈道歉。

小米的妈妈倒是没有责怪我，希望我也能和她一起帮助小米突破心理障碍，学会与人沟通和交往。

后来，我将小米的故事写进了我的儿童小说中，在故事里，小米变成了小西，小西的同学为了帮助小西说话，想出了好多点子，终于让小西在学校开口说话啦！

有一天我上课教学生学习生字，让大家“一字开花”——组词，我惊讶地看见小米举手了。

我马上点了她的名字，她组了一个词。当时，我根本没有去判断她组的那个词是否正确，就激动地表扬了她，因为我第一次听见了小米清脆的声音，这和我小说的情节是多么奇妙的巧合，在那一刻，小米就是小西！

故事里的美好结局在现实中终于实现了！我在孩子热烈的

掌声中泪湿了眼睛，好半天都说不出一句话。

原来，是我班里几个可爱的孩子，看了我的书，按照书中主人公的方法帮助小米克服了心理障碍，终于和大家交流。

孩子们还和小米商量好，要给我一个惊喜，故意在上课的时候让小米举手发言。

这件事情也一直激励着我继续创作儿童文学，我想让儿童教育和儿童文学铺合成一条美好的路，引导孩子们快乐前进。

听完我讲小米的故事，王女士若有所思地点点头说："看来，我不应该妄自揣测孩子有病，应该想办法改变孩子的习惯。"

"是的，您的女儿不爱说话，也许还有您的家庭环境等各方面的原因，作为单亲妈妈，您需要付出比其他母亲更多的努力，给女儿更多的关爱。"我坦诚地表明了自己的看法。

"如果我的女儿能遇见您这样的老师就好了。"王女士说。

其实，我最怕听到家长说这样的话。不是我故作谦虚，我只是众多一线教师中极其平凡的一位，和许多老师一样，只要走上了讲台，都希望能尽最大的努力教好孩子。

只不过，我比较幸运，能有这样的机会和大家分享我在教学中的心得而已。家长应该放心，多数老师都是和我一样的，甚至比我做得更好，他们默默无闻地怀着一颗热爱教育的心教书育人，只要家长愿意向老师敞开心扉，和老师携手合作，一定能想出更多更好的办法去帮助自己的孩子健康成长。

当然，如果你的孩子经过专业医院的确诊，真的患有自闭症或者多动症等，家长也不必太过紧张，应积极配合医生给孩子治疗。

但需要注意的是，在治疗的过程中，不要告诉孩子他真实的病症，你可以用其他日常的病症来代替，以免孩子得到心理暗示“我有多动症”“我有自闭症”或者“我是弱智”，这不利于孩子的治疗。

说到智商这个问题，我也有很多的感触。作为老师，肯定希望自己班里的孩子个个成绩都优异。

但是，现实中，成绩优异的孩子必定是少数。若以成绩的优劣来衡量一个孩子的智商肯定是愚蠢的。

特别在小学阶段，孩子的可塑性还很强，如果因为孩子起步时成绩不好，家长就着急带孩子去做什么“智商测试”，这是对孩子不负责任的做法。

一旦去做测试，孩子都会认为自己有问题，也会以此作为无法进步的借口。

相信大家都听过爱迪生小时候的故事，爱迪生小时候总是问一些奇怪的问题，成绩也很糟糕，老师都觉得他是个弱智儿童，他上了三个月的小学，学校便让他退学了。

但爱迪生的母亲并不这样想，总认为自己的儿子是最棒的，只是好多潜力都没有被挖掘出来。在母亲的不断鼓励下，爱迪生长大了，通过努力最终成为发明创造领域的一个明星。

当老师和家长发现孩子的成绩跟不上时，首先想到的不应该是带孩子去医院检查“病情”，而是想办法帮助孩子进步，并且观察孩子是否在其他方面特别有优势，家长和老师抓住孩子其他方面的优势进行放大表扬，也能促进孩子学习上的进步。

若孩子智力真的不及他人，各方面也无明显优势，家长应该这样想：我的孩子的身体是健康的，他的心灵是快乐的，这已经比很多人幸运了。老师应该这样想：我能教到这样一个孩子不是我的不幸而是我的幸运，他将是我教学生涯上一笔宝贵的财富，我会给他更多的关心和爱，他进步的每一点都能证明我的努力。

有一次，我参加小学毕业考试的统一阅卷，大家一致推选我改作文。当时所有的试卷都密封着，看不到学生的学校和姓名。在改了许多优美整洁的作文以后，我突然被一篇作文镇住了。

乍一看，这篇作文字迹工整，并且写满了所有的作文格子，满满两大篇。但仔细一看，所有格子里都是重复的这几个字“工”“王”“上”“下”……没有一个连贯的词语，更没有一句通顺的话！

我顺便看了看这个考生前面做的基础试题，也都是这几个字的重复，很难找到一道回答正确的题。

但令人惊讶的是，试卷上的每一个空格都写满了，没有一处留有空白。我见过不少得分低的试卷，但这样的试卷我确实还是第一次看见，不由得发出了感叹：“这孩子的学习态度倒是挺认真的！”

原来，每一个改试卷的老师面对这样一张堪称“天书”的试卷都发出了感叹。过后，一位秀气的年轻女老师微笑着说：“这孩子是我们班的，他只会写这几个字，每次考试都是这样，每道题都会完成，我总是表扬他学习态度端正。这孩子除了学习不好，其他都挺好的，他很爱帮老师和同学做事，大家都挺喜欢他呢！”

再看这位年轻老师，参加工作应该没几年，她能如此心平气和地面对这样一个孩子，令在场的老师都很敬佩。要知道，在毕业考试的时候，个别老师遇到这样的学生，为了不影响班里的平均成绩，可能会劝孩子家长不要带孩子参加毕业考试，毕竟小学和初中是义务制教育，孩子的小学毕业成绩不会影响他上中学。

还有些老师在低年级发现班里有类似的孩子，也会让家长带孩子早早去医院开一张“智力评测的证明”，以便在今后的统考中该学生的成绩不计入班里的考核。很多家长为了不得罪老师，也只得勉为其难。

我理解这些老师的苦衷，目前多数学校对老师的考评确实以班级的整体成绩为重，相对忽视了其他方面，这对一线老师来说是很不公平的，也会让个别老师不得不为了追求眼前的名利而做一些违心的事情。

作为老师，当走完教师的生涯，一定会面对良心的拷问，会对自己做过的一些事后悔不已。我曾经就亲耳听到一位即将退休的老师告诉我：“记得有一年，我为了评职称，毕业考试的时候，劝一位成绩差的学生装病不要来参加考试。当年，我带的班级确实考得很好，我也如愿破格评上了职称。前不久，我在街上碰到那个孩子，那个孩子长得又高又帅，他主动跟我打招呼，还说：‘老师，我现在开了家餐馆，生意还算不错，您有空到我店里来，我请客。’‘我的孩子也上小学了，我告诉他一定要好好学习，别像你爸爸一样连毕业考试都参加不了，这是终生的遗憾啊！’”这位老师深深叹息后说，“这孩子虽然没说怪我，但我觉得他的话像刀一样一刀一刀往我心上戳，我那天晚上失眠了，我在想我这些年做老师还做了什么不对的事情。现在快退休了，我才觉悟：职称晚些评又怎样？优秀教师当不当又怎样？这些东西都是会过去的，而过不去的是留给孩子们心灵的伤。”

我一直认为，一个老师是不是好老师，不是学校领导来评定的，更不是几张荣誉证书来衡量的。一个好老师，来自家长和学生实实在在的口碑。

只要老师有一颗爱孩子的真心，把每一个孩子当作自己的孩子来看待，你就会发现，做好老师并不难。当自己白发苍苍时，翻着孩子的毕业照片回想自己走过的教育之路，没有良心的责备，留下的全是感动和欣慰，这难道不是最幸福的事吗？

新，尽量让每个孩子在小学阶段都有为班级服务、做老师小助手的机会。

我刚担任班主任的时候，因为没有经验，在选班干部这件事情上，做法也非常传统，而且很主观。

在教一年级的时候，通过观察，我发现班里有几个孩子的综合素质很不错，于是在心中就已经暗暗锁定他们是自己要重点培养的班干部。

其中，男生小贾身材高大、声音洪亮、性格外向、成绩优异，在所有孩子中显得最为出色，我毫不犹豫地选他做了班长。

有一天早晨，我因为在路上堵车，赶到学校时，第一节课的上课铃已经响过了。

我心急火燎地冲向教室，心想：这帮一年级的孩子一定炸开了锅！可是，当我走到教室外边的时候，感觉教室里没有一点声音，我放慢脚步，内心嘀咕：莫非是有其他老师见我迟到了，帮忙看着？我侧着身子悄悄地将头探进教室门，这一看，让我大惊。全班小朋友都端端正正地坐在座位上，连呼吸都是轻轻的。而讲台上，班长小贾一手叉腰，一手举着教棍，虎视眈眈地盯着台下，那威严劲儿绝对不亚于我，难怪孩子们这么听话。

我赶紧走进教室，不仅表扬了全班同学，更狠狠地表扬了小贾，称赞他是一个优秀的班长。

就这样，小贾连着担任了五年的班长，他的地位似乎没有任何同学能够撼动。我也很放心，觉得小贾真是自己的一个好帮手，每年的优秀班干部都非他莫属。

但是，当孩子们进入高年级以后，班里的孩子对小贾的不满越来越多，很多孩子告诉我，小贾喜欢打人，喜欢命令同学帮他做事，更有家长投诉，小贾威胁一些孩子拿零花钱给他，还称之为保护费。

我立刻意识到事情的严重性，找到小贾单独交流。这时的小贾已经长得比我还高了，因为长期得到赞扬，很少得到批评，他显得十分不服气，头高高地昂着，没有一点认错的样子。他还强词夺理地说："都是他们自愿的，我没有逼谁。"

我一气之下，撤掉了小贾班长的职位，重新选了一个女生小萱做班长。小萱没有做过班长，在班里很难树立威信，她感觉很有压力，做什么事都小心翼翼。

而我，也突然感到不适应，很多事情都必须亲力亲为，不再像有小贾做班长时那么省心。

再说小贾，一直因为被撤班长这件事情对我耿耿于怀，毕业后的第一个教师节，很多孩子来看我，但我没有见到小贾的身影。

通过这件事情，我也在反思自己的行为，确实有许多不妥之处。我试着向有经验的老师学习，也翻阅了很多班级管理方面的书籍，对于选拔班干部，有了新的认识。

再接新班级时，我开始实施自己的新计划，不再凭第一印象给孩子们"打分"，不再在心里先内定一些"小班干"，而是尽可能地多观察每一个孩子，了解他们的性格特点、优势和弱势。

半学期后，我针对班里孩子的特点，拟出了许多班干部职位，其中不仅包括班长、副班长、劳动委员、纪律委员等传统职位，还特设了许多新职位：电灯管理员、文明监督员、礼仪队长、保洁总监、宣传总监、财务总监、活动执行、板报总编辑等。孩子们听得睁大了好奇的眼睛，不时发出“哇、哇”的惊叹声，然后纷纷议论自己想当什么。

接着，我鼓励每一个孩子在班会的时候走上讲台，应聘自己想做的职位。因为这些职位满足了多数孩子的需求，所以孩子们不再感到班干部是多么难当的角色，几乎都能大方地走上讲台应聘。对个别胆小的孩子，只要我稍做鼓励，他们也会鼓起勇气走上讲台。

每一学期我都会重新改选一次班干部，称之为“班干部大换血”。在我的班里，每一个孩子都可能做班长，也可能做劳动委员。

我努力让孩子们明白：班干部没有大小之分，只有分工不同。班长可以管理不守纪律的同学，小组长也有权管理不交作业的班长。

在这种改革中，我不但感受到了班级积极向上的氛围，我的工作也变得越来越轻松，因为每一个孩子都有自己的职位，都感到自己是班里必不可少的一分子。

但遗憾的是，不是所有家长都能理解这种做法。有些家长还是在潜意识里，将孩子做班干部的事情和自己的面子联系在一起，孩子当班干部了，总觉得是件有面子的事。

小双是个内秀的女孩，喜欢画画，每次竞选班干部她都竞选“板报总编辑”。

每一次，她也总是能顺利胜出，因为她设计的板报经常得到学校大队部的表扬，同学们都很支持她。

有一次，小双的妈妈专程到学校找到我，愤愤不平地对我说：“饶老师，为什么我家小双总是当出板报的？经常回家都很晚，还全身弄得脏兮兮的。”

“小双特别会画画，而且有设计师的天赋，我带您去看看她设计的板报，真的很不错呢！”我带着小双的妈妈来到教室，欣赏小双设计的板报。

看着教室后面黑板上女儿优美的作品，小双的妈妈终于向我敞开了心扉：“我也知道女儿在绘画方面很出色，但是老师您知道吗？我是单位领导，你们班小愿的爸爸是我的属下，每次听到他在单位里说‘我家儿子这学期当上了班长！’‘我家儿子这学期当的是学习委员！’我这心里就猫抓似的难受，为什么我女儿成绩比他儿子优秀，却只能做个出板报的呢？”

可见，很多时候，孩子并不在意班干部的职位，反而是家长在意。有的家长还会把一些狭隘的观念灌输给孩子：要做就做班长，做小组长没出息等。

这会让胆小的孩子对班干部产生一种畏惧的心理，让做了班干部的孩子产生互相攀比的心理，扭曲了班干部存在的真正意义。

孩子做不做班干部，做什么班干部，请尽量尊重孩子的意愿。老师和家长，只鼓励不做指定。

对大人来说，只有心甘情愿去做的事情才可能做得更好，何况是孩子呢？如果孩子实在不愿意做班干部，家长切不可骂孩子没有出息、胆小怕事等。

每一个孩子都有自己的性格特点：有的从小喜欢领导他人，有的从小喜欢做实事，还有的从小不愿受约束，喜欢自由自在。长大后，孩子都能找到各自的天地，并不是只有在小学做过班干部的孩子长大后才会有好的前途。

但有一种情况是要引起家长重视的。有的孩子因为非常优秀，在班里担任各种职务，已经超过了他的承受范围，这时，家长有必要及时向老师提出。

小冰上小学三年级，因为各方面都很出色，不仅是班里的中队长，还兼任语文课代表、音乐课代表、美术课代表。每天在学校，要领早读，管理课间操，还要收发语文、美术作业本，当音乐课的领唱等等，每天回家，小冰都累得筋疲力尽，不想说话。

小冰妈妈看见女儿嘴唇干裂，心疼地问："你在学校没喝水吗？"小冰这才诉苦，下课要管同学有没有扔垃圾，根本没时间喝水、上厕所。

看着女儿日渐消瘦，小冰妈妈终于忍不住到学校告诉班主任那作为母亲的担心。

小冰妈妈说："我非常感谢老师们对小冰的重视和信任，但是有时，看到小冰边做作业边打瞌睡的样子，听着小冰说话沙哑的声音，我这个做妈妈的真心疼啊！"

班主任这才意识到给小冰的任务太重了，完全超出了一个三年级孩子的承受能力，班主任不仅向小冰妈妈表达了歉意，并且很快调整了小冰的班干部工作，小冰终于可以卸下沉重的包袱，开心上学了！

记得我小学的时候，经常念一个绕口令"班干部管班干部"。不管如何，当班干部在小孩子心中都是一件十分光荣的事情。虽然求学以来，我一直在班里担任班干部，但是当我走上工作岗位以后，我并没有当过领导，只是一个普通的老师，我同样做得很满足。所以，小时候当不当班干部和长大后的工作没有什么必然的联系。当班干部很光荣，当班干部也有点累，当不当班干部，当什么班干部，由孩子自己决定吧！

饶老师温馨提示

💡 家长应鼓励孩子主动参加班干部竞选或者让孩子直接向老师表明自己愿意做什么班干部。切记不能通过送礼、走后门等形式让老师指定孩子当班干部，这样孩子往往得不到真正的锻炼。

💡 班主任在设定班干部职位时，不能局限在传统的思维里，要根据班里孩子的特点尽可能多设置一些新颖的班干部职位，让更多孩子都能轻松胜任，为班集体服务。职位多、分工细、职责明，班干部自然也负担轻。

💡 班干部是老师的助手，绝对不是老师的“奴隶”，某些懒惰的老师长期让班干部帮忙批改作业，抄教师笔记，甚至代替自己上课，给孩子的任务远远超越了班干部本该负责的内容，如果家长一旦发现这种情况，一定要鼓足勇气和孩子一起大声向老师说“NO！”

05 爱美的孩子没有错

孩子爱美没有错，关键是如何引导孩子正确看待美。适当地爱美有助于培养孩子的自信与气质，有助于孩子与其他小朋友的交往。只要把握好这个度，让孩子从小美美的，有什么不好呢?

有位年轻妈妈对我说："我的女儿才上小学一年级，每天早晨她都会为穿哪件衣服和我争执好久，有时气温明明很低，她非要穿薄裙子，我怕她感冒，不让她穿，她就哭闹着不去上学……我都是不爱美的女人，不知道怎么生了个'妖精'女儿？我该怎么办呢？"

我告诉她，爱美之心人皆有之，只是每个人的强弱程度不同而已。孩子开始爱美，说明他的独立意识萌发了。孩子成了一个有主见的人，家长应该感到高兴才是。孩子对衣服的颜色、式样有自己的喜好，而有时，大人往往以自己的观点左右孩子，孩子不愿服从，这就造成了双方的矛盾。

其实家长完全可以尊重孩子自己的选择，如果担心孩子感冒，可以给孩子穿一条厚一些的打底裤，或者让孩子在薄裙子外加一件外套。

当然，家长必须带着开心的语气说：“这样穿很有范儿，很时尚！”这样孩子就会容易接受。

假若孩子还是不接受，执意想按照自己的想法，父母就任他去尝试，等孩子自己尝到苦头也就明白了。

好多小姑娘都喜欢穿裙子，我小时候也是。那时我们家的经济条件不好，除了夏天有几条薄薄的裙子，其他季节根本不可能穿裙子。看到有同学在春秋穿那种毛线织的裙子，我满心羡慕，但又不好意思向妈妈开口要。

有一天，临近四月，阳光明媚，我迫不及待地拿出夏天的薄裙子套在身上，光脚穿着一双凉鞋就去上学了。

妈妈没有干涉我，只是对我说：“你这样穿会冷啊！”“不会！”我当时穿裙子的兴奋能抵挡住一切寒冷！

果然，第二天我就感冒了，发烧且咳嗽不止，在家里休息了好几天。后来，我再也不敢在不合适的季节穿裙子了。

孩子爱美没有错，关键是如何引导孩子正确看待美。鼓励孩子爱美的同时，教育孩子什么是真正的美，告诉他们真正的美必须符合自己的年龄和身份。

适当地爱美有助于培养孩子的自信与气质，有助于孩子与其他小朋友的交往。只要把握好这个度，让孩子从小美美的，有什么不好呢？

和朋友聊天的时候，我经常都会提到我的初中生活，那是我最灰暗的三年时光。

即便我成绩不错还是班上的班长，但是我很少感到快乐。我的班主任老师很优秀也很有经验，但却严肃而古板。

每次看到她我全身的神经都会紧绷起来，生怕自己犯错误。

我从小就很会梳头，喜欢给自己变换各种不同的发型。有一次，我在家里精心梳了好几个小辫再束成一个高高的马尾去上学。

上数学课的时候，班主任老师盯着我看了好一会儿，然后当着全班同学的面说："饶雪莉，你梳这几个辫子的时间能练习多少道数学题啦！"

我在大家的哄笑声中红着脸不敢抬头，觉得头上的几根小辫顿时变成针尖插进了脑袋里。

从那以后，我再也不敢换发型到学校了。

当我做了老师的时候，我也能体会到当年班主任的苦心。但是，我对学生的穿衣打扮绝没有过任何当众的指责，因为我深知，那样会给孩子留下心理阴影。如果学生爱美真的过度了，我也会单独告诉他，并给予一定建议。

我教过一个学生叫可儿，小姑娘长得并不漂亮，两个脸颊总是肿肿的，嘴唇也厚嘟嘟的，男同学总爱叫她"发糕脸""香肠嘴"。可儿报名的那天，她妈妈在家长信息表"父亲姓名"那一栏上填了两个字"死了"，下笔狠狠的，把信息表都划烂了。当时，我不知该说什么。后来，可儿告诉我其实她爸爸并没有死，只是和她妈妈离婚了而已。想到可儿妈妈怨恨的表情，我对可儿一直有种怜爱之情。

可儿很爱美，但是却不会打扮，经常把头发梳得乱七八糟，有时还戴些花花绿绿的首饰到学校，同学们爱嘲笑她，但她依然我行我素，觉得自己很美。

有一天上语文课，可儿的同桌举手告状："饶老师，可儿画了眉毛，抹了口红，还涂了指甲油！"

"真是臭美！"

"有一次我还看见她穿她妈妈的高跟鞋。"

"你看她的头发像疯婆子！"

"叫人恶心！"

"又丑又笨！"

……

班里一阵哄笑，后来可儿把头埋在臂弯里呜呜地哭起来。

"继续上课。"我没有发表任何评论，示意大家继续上课。

下课后，我牵着可儿去我办公室，用毛巾把她的脸洗干净，然后从包里拿出一根发圈帮她把散乱的头发扎成一束马尾。

我问她："你平常都是自己梳头吗？"

"嗯。"她点点头，说，"我妈妈一大早就要出去摆小摊，我都是自己穿衣服、自己梳头。"

"那你真能干，像我一样。我从小也很会自己梳头，梳各种马尾，还扎小辫儿呢！"

"那你现在为什么总是披着头发呢？"可儿歪着头问我。

“因为我现在是大人了啊，小姑娘和大人的发型是不同的，小姑娘还是要把头发扎起来，又干净又漂亮！我现在多想回到过去扎辫子的年龄，可惜回不去了！所以，我特别喜欢看你们甩动马尾的样子，活泼又可爱。”

我握着可儿的手，她紧紧地攥着拳头，怕我看见她涂的指甲油。我装作不知，对她说：“‘美丽’这个词包含的东西太多了，外貌、打扮、学识、涵养……你们在老师眼中都是美丽的，因为你们都很纯真。这个年龄的你们，纯真就是最美的。”

从那以后，可儿再没有打扮得稀奇古怪的来上学了。她的故事也被我写进了儿童小说里，没想到有好多小读者都喜欢这个故事。

孩子开始爱美，家长和老师应该好好利用这个契机，帮孩子树立正确的审美观，让孩子意识到不同的年龄段、不同的场合对美有不同的要求。

不把奢侈当作美，不把炫耀当作美，不把攀比当作美，不把怪异当作美。对学生来说，自然的、清纯的、健康的美才能得到大家的欣赏和赞许。

记得我女儿四岁的时候，有一天，我下班回家，看见她的两个眼圈黑黑的，像大熊猫一样。我吓了一跳，问她：“你抹了什么？”她冲进我的卧室拿着一支睫毛膏出来对我晃晃说：“这个！”

我哭笑不得，赶紧帮她把脸洗干净，然后带她到我的梳妆台前，给她讲每一种化妆品的不同用法，并让她都尝试一下。

她听得津津有味，还不时地问我："妈妈，我什么时候才可以用这些东西啊？"我告诉她："你长大了以后就可以用了。"

"长大是多大呢？"

"十八岁以后吧！"

"为什么现在不能用呢？"

"因为这些东西都含有化学成分，你现在用的话，会伤害你娇嫩的皮肤，你会提前衰老。"

"哦。"她若有所思地点点头。

后来，女儿再也没有动过我梳妆台上的化妆品。

孩子在成长过程中会遇到各种各样的问题，关键是我们做父母的怎样去引导。孩子正是在一个个问题的出现与解决的过程中才慢慢成长、学会独立面对生活的。

孩子爱美是正常的，大人更要懂得爱美。作为老师，走上讲台面对几十个学生，一定要做到仪容端庄、亲切大方。女老师每天略施淡妆会显得精神焕发，更易得到学生的喜欢，但浓妆艳抹只会取得反效果。

我们学校以前有个女老师，喜欢装扮得很前卫，不仅天天涂抹厚粉底，戴蓝色睫毛，还喜欢穿超短裙、彩色长袜。经常有学生在她背后指指点点，称她为"妖精老师"。

有个男生居然夸张地说："要是那个妖精老师来教我们，我就不去上学了！"

可见，大人和孩子一样，都应该具有正确的审美观。家长可以经常和孩子讨论什么是美，也可以在自己的穿衣打扮上征求孩子的意见。给孩子买衣服的时候，尽量带孩子一同挑选，并给予搭配的建议。从小培养孩子对美的品味和追求，不仅能改善孩子个人的生活习惯，还有利于他的人际交往，甚至关系到他今后事业的成功。

不会背叛我。

小学生选择好朋友就这么简单，他们不会考虑物质条件、外在形象、利用价值等世俗的东西。反倒是某些大人，用成人的思维看待儿童的世界，把成人世界里的一套功利化的观点套在孩子身上，玷污了孩子纯真无瑕的心灵。

我曾经教过一个学生叫雨蒙，小姑娘不仅成绩优秀，而且长得漂亮可爱，气质出众。雨蒙的父母都是高级干部，对雨蒙的教育十分严格。

小学六年，雨蒙每天上学放学，家长都是风雨无阻地接送。雨蒙从来没有去别的同学家玩过，也没有和同学一起参加过什么活动。即使是班里组织的集体活动，雨蒙的妈妈也要反复询问活动性质、活动地点、由几位老师带队等，才放心把孩子送来。

有一次，我们全班去参观一个民间工艺品展览，雨蒙的爷爷执意要全程陪同，说是因为孩子太多，担心两个老师照顾不过来，想来帮忙。其实，我们都明白，老爷子不放心孙女才是事实。

五年级的时候，班里推选市三好生，雨蒙因为各方面的综合素质都很高，进了候选人的名单。全班无记名投票的时候，雨蒙只得了一票。

小姑娘当即就埋头痛哭。我也很纳闷儿，雨蒙在前几年的类似选拔中，虽说得票不高，但也不至于这样低啊，这里面有什么原因呢？

我在学生间进行了调查，孩子们纷纷道出了对雨蒙的意见。有的孩子说："我们平时在路上叫她，她理都不理，骄傲得很。"

"我和她住得近，有一次，我去她家问家庭作业，她妈妈说雨蒙不在。可是关门后，我贴着门明明听到了雨蒙的声音，我还听见她妈妈说'这个女生学习那么差，你不要和她来往'。"小敏说到这里，红了眼睛。

还有孩子说："我觉得和雨蒙在一起，她像白雪公主，我像丑小鸭，觉得自己好像不配和她做朋友一样。"

后来，我找雨蒙单独谈心。

我问她："你在班里有好朋友吗？"

她点点头说："有，是琪琪。"

我想雨蒙唯一得到的那张选票应该就是琪琪投的。

"你为什么会和琪琪做好朋友呢？"我继续问。

"因为琪琪成绩好，和我一样钢琴过了十级，她家也住联排别墅，而且她的爸爸是大学教授，她的妈妈和我的妈妈也是好朋友。"

雨蒙说得似乎非常有道理，可是这哪是小孩子选择朋友的标准呢？

"那你和她做朋友快乐吗？"

"不，我现在不想和她再做好朋友了。"雨蒙突然说。

"为什么？"

"因为选市三好生的时候，她根本没有投票给我！"雨蒙气愤地说。

“咦？你不是有一张选票吗？”我疑惑地问。

“因为是无记名选举，那张选票是我自己投的，所以我知道她根本没选我！”

我耐心地安慰了雨蒙，并且告诉她学生时代的友谊如果精心灌溉，是可以保持一辈子的，也是最值得珍惜的。普希金有一句名言：“无论是多情的诗句，漂亮的文章，还是闲暇的欢乐，什么都不能代替无比亲密的友谊。”要想得到真正的好朋友，就要用真心换真心。

雨蒙似懂非懂地点点头，然后说：“饶老师，您说得这些很对，可是，我妈妈也说‘物以类聚，人以群分’，交朋友要宁缺毋滥，只交有价值的，不交废物。”

那一刻，我真的不知如何回答雨蒙。也许对于成年人来说，这样的交友理念可以获得一些现实的利益，但它未必适合孩子们纯真的世界。

尤其对于成长中的小学生来说，即使孩子成绩再好，小小年纪却善于算计利害得失，丧失了童年应有的天真烂漫，这也是非常令人心酸的。

琪琪后来也告诉我：“我没有投票给雨蒙是因为我本来就不想和雨蒙做朋友，她骄傲，而且自以为是，和她一起玩，什么都听她的，她才会开心，否则就乱发脾气。要不是我妈妈非要我和她玩，我才懒得理她呢。”

作为老师，我也经常要处理一些类似的事件。

有时候，如果两个孩子长期闹矛盾，家长就会说：“叫你别和他玩了，你就是不听！”“不准再和那臭小子玩了！”

如果孩子和成绩差的小朋友玩，家长也会说：“他成绩那么差，你和他玩什么？多和成绩好的小朋友玩！”……

如果老师图省事，多半也会这样告诉学生：“你离他远远的，不理他，不就没有矛盾了吗？”

这样的方法看似解决了问题，却只是暂时性的，无形中扼杀了孩子与人交往的能力。孩子有可能变得胆小怕事、唯唯诺诺，也有可能对所有人都产生戒备心理，甚至交不到一个好朋友。

加藤是个胖乎乎的小男孩，长得非常可爱。他的爸爸长年在外地工作，所以，加藤妈把所有的注意力、所有的爱都倾注到了加藤身上。

加藤妈除了亲自接送加藤，每天都和加藤的老师联系，了解加藤在学校的点点滴滴，她恨不能一天二十四小时都把加藤拴在身边。

为了让儿子不受到一点点“污染”，加藤妈不仅成功地让老师把加藤座位周围的同学都换成了班里成绩较好的孩子，她还明确地告诉儿子在班里不能和哪些同学玩，只能和哪些同学玩。只要有同学打电话给加藤，加藤妈都必须要问清楚对方是谁，一旦不是加藤妈锁定的“好孩子”，她绝不会让加藤接听。

尽管加藤妈如此小心谨慎，加藤在班里还是经常被同学欺负，经常带着小伤小痛回家。加藤妈自然非常心疼，多次找到加藤的班主任。

但是，一段时间过后，加藤被欺负的情况依旧。加藤开始有了上学恐惧症，一到上学时间，就说自己肚子疼，找各种理由不去学校。

后来，加藤的班主任老师和加藤妈长谈了一次，老师说加藤妈对加藤过度保护了。其实，孩子本身是有能力处理人际关系的，父母要放下自己对孩子的过度焦虑，减少对孩子的溺爱，放手让孩子独立解决问题。

老师还说，加藤之所以在班里经常被欺负，其实就是因为很多同学嘲笑他是“幼儿园的小宝宝”，什么事都要问妈妈。

加藤妈开始反思自己的教育方式，她也开始尝试对儿子放手，鼓励加藤去交朋友。加藤天真地问妈妈：“真的吗？我真的可以和卓刚一起玩了吗？”

卓刚是班里一个比较调皮的孩子，之前，加藤妈一直反对加藤和他交朋友。“是的，可以，你的朋友应该你自己选择。妈妈还欢迎你带朋友回家玩。”加藤妈说。这时，加藤才告诉妈妈：“其实在班里欺负我的同学都是身边那些成绩好的同学，他们都很瞧不起我！”

自从加藤和卓刚成为好朋友以后，加藤不再害怕上学了。周末的时候，卓刚也会到加藤家里来玩，通过观察，加藤妈发现，卓刚虽然调皮，但是头脑灵活，幽默，对长辈也很有礼貌，还真是个不错的孩子。卓刚还拍着胸脯对加藤妈说：“阿姨，您放心，现在大家都知道我是加藤的好朋友，没人敢欺负他了！”

友谊，对于小学生来说，是极其重要的东西。一个长期没有朋友的孩子，他的内心必定是孤独的，同学也会把他视为另类，长期下去，一定会出问题。如果你的孩子总是闷闷不乐，从来不提学校发生的事情，对上学没有热情，也没有同学找他玩，那么他在人际交往上一定遇到了问题，父母除了关心孩子的吃穿、成绩以外，在孩子的交友上，适当的时候，也要帮忙推一把！

孩子的生活圈本来狭小，父母需要花时间参与孩子的生活，帮助他们学会交朋友。

平时，多和孩子交流学校发生的事情，可以从孩子的言谈中知道孩子有没有好朋友。如果孩子有好朋友，可以让孩子邀请好朋友到家里来玩，父母热情款待；还可以和孩子好朋友的家长联系，定期带孩子一起聚会，或者去郊外野餐等。在这些活动中，孩子、家长间都有共同分享的话题，是孩子和家长都受益的事情。

如果孩子没有好朋友，也不必着急。家长首先可以变身为孩子的朋友，陪孩子一起玩乐，在玩的过程中，潜移默化地教给孩子处理人际关系方面的知识，让他们了解如何跟朋友分享、合作等。当孩子懂得了正确的交往方式后，家长可以带着孩子多参加一些不同类型的活动，让孩子在活动中接触更多的人，家长再慢慢放手，鼓励孩子主动与人交往。

小学生都处在可塑阶段，这个时期的孩子没有所谓的十们才告诉我当年江老师特意避开我给全班同学开会，让大家列举我的优点，有同学说："阿杨，我当时可是绞尽脑汁也没想出你有啥优点，最后只好说你长得比较帅。"

"是啊，江老师还要我们保密，不准告诉你！"

"我那时真不懂，为什么江老师要对你那么好，现在我自己有了孩子，我懂了。"……

杨先生说到这里，不禁红了眼眶，他说经过那次换座位的事情，他不再把每个同学都当作敌人，也明白了你对大家好、大家才会对你好的道理。

现在杨先生已经成为一家杂志社的主编，他不仅和学生时代的好朋友还有着密切的往来，每年春节，他还要带着儿子去家乡看望江老师。

他每次都会告诉儿子："虽然江老师只教了我一年，但是我觉得她教了我一辈子。"

不管是大人还是小孩，每个人都需要朋友。也许，对大人来说，交朋友是件很复杂的事，有时需要"门当户对"，有时需要"利益交换"，但对小孩子来说，交朋友不需要那么多条件，他也许长相不佳，他也许成绩不好，他也许脏兮兮，他也许傻乎乎……但是，他有让我欣赏的地方，我和他在一起玩得很开心，我喜欢和他分享自己的心事，他——就是我的好朋友！

饶老师温馨提示

我们切不可形成这样的思维定式：与成绩差的孩子交朋友必然影响成绩；与“问题小孩”交朋友，孩子也会出现“问题”；与优秀生交朋友有利于提高成绩；与乖巧的孩子交朋友，孩子也会变得乖巧。这其实是一种偏见。你的孩子相对于更优秀的孩子也算是“差生”，你的孩子在别人眼中也会有这样那样的“问题”，那么人家怎么会跟他交朋友呢？如此类推下去，将是可怕的结论。

不管家长喜不喜欢孩子的好朋友，都应该真诚对待他们。每一个孩子都有他的优点和缺点，作为成年人，我们要带着善意看待孩子的朋友，要引导孩子学习朋友身上的闪光点，同时，也要鼓励孩子用友谊的力量改变对方的弱点。另外，也不必要求小学阶段的孩子有太多的朋友。如果你的孩子有一至两个非常要好的朋友，说明他的交往能力已经够强了。家长要帮助孩子加深与好朋友的友谊，这比要求孩子只与班上最优秀的同学成为好朋友更为有益。

第三章

兴趣培养，激发孩子独有潜力

女儿扬扬手中的贴画，天真地说："老师发的这个！"

如我所料，贴画的新鲜劲儿一过，女儿便不再觉得兴趣班有意思了，虽然不是很情愿，但那一学期的"演讲与口才"课女儿总算是坚持上完了。可是，这依旧没有让她能够在众目睽睽之下大方地表现自己，展露才华。她还是原来那个她，在家是小魔女，在外是小淑女，和我最初的期待相差甚远。

被我推荐参加那个班的小女孩也依然羞涩，她的妈妈说："饶老师，孩子说演讲班的老师读课文还没您读得好呢！"我真是哭笑不得，对那位家长很是抱歉。

经过这次教训，我发誓，给孩子选特长班，一定要首先征求孩子的意见，以孩子的兴趣为主。

朵朵从小喜欢绘画，家里的墙壁成了她的展览墙，上面贴满了她奇思妙想的画作，还有一些奇形怪状的小剪纸。

女儿既然喜欢画画，那我给她报个画画的兴趣班，发挥一下她的特长是可以的吧!

一听说是学画画，女儿当然开心，举双手赞成。

绘画班的老师教得很好，也很有耐心，女儿从特长班里带回来的画，水平上确实上了一个台阶，蜡笔画、水粉画、牙签画、手指画……各种漂亮的画装满了家里的抽屉。

可是，不光是女儿，兴趣班其他同学的画也都大致相同，孩子们照着老师的范画去画，很少有孩子自己去创新。

学了两期绘画班以后，女儿的画画技巧确实提高了，但是，我在家里再也看不到她自我创新的小作品，不管是画什么，她都要有一个参照，似乎没有参照就不会画了。

有一次，我参加一个活动，遇见一位有名的画家，向他咨询："孩子小时候要不要系统地学习画画？"画家告诉我："毕加索有一句名言：'我愿意花一辈子的时间，向小孩学习怎么画画。'孩子小时候，喜欢画画，不必刻意去学习，让她尽可能地自由发挥，想画什么就画什么，想怎么画就怎么画，至于那些画画的技巧，需要的时候再学也不迟。"

难道是兴趣班扼杀了女儿的想象力？

儿童画的学习结束以后，女儿没有再去学画画了。有人建议我送女儿去学素描，我也婉言拒绝了。

虽然没有再固定地学画画，女儿在家里有兴趣的时候也会拿出画纸任意涂鸦。我过生日的时候，她给我做了一张贺卡。前些日子，我出差在外地，她在电话里告诉我："妈妈，家里那个飞行棋棋盘展开以后老是起褶皱，我自己在画纸上画了一个飞行棋棋盘。"我让她拍下来发给我，看着手机上那张由各种线条和缤纷的图案交织成的飞行棋棋盘，我知道，女儿的想象力又回来了，这是在那些所谓的兴趣班里学不到的！

当然，这并不是否定所有的兴趣班，家长有条件给孩子报兴趣班，这本身是一件好事。孩子上兴趣班可以接触更多新鲜事物，可以提高各方面的能力，也可以认识更多同龄人，学会和别人相处。部分优秀的孩子还能从各种各样的兴趣班中脱颖而出，获得不少奖项，为以后的小升初加分。但是，每个孩子的性格不一样，特长不一样，每个家庭的环境也不一样，兴趣班的质量更不一样，家长在给孩子选择兴趣班的时候，应该根据自己家庭的情况、孩子自身的状况、兴趣班的办学质量等理性选择，可别重复我当初的错误，没有对兴趣班做实地的了解，盲目给孩子报名，扼杀了孩子的想象力。

还有一些家长问我："为什么我的孩子学什么都半途而废，不能坚持？"

其实，家长大可不必焦虑。兴趣，有时候是在孩子的成长过程中慢慢形成的。孩子也需要不断地尝试和摸索才能找到自己真正的兴趣所在，尊重孩子"喜新厌旧"、不能持之以恒的心理，不要将家长自身的焦虑转嫁给孩子，不对孩子寄予过高的期望，哪怕孩子半途而废，也不要责骂、打击孩子。让孩子大胆地接受不同兴趣的刺激，他才能在众多兴趣中找到自己真正喜欢的是什么。

我认识一位妈妈叫敏子，她是一位心理专家，她给我讲述了她的儿子齐齐上兴趣班的经历。

齐齐是个活泼好动、兴趣广泛的孩子，有一天，齐齐拿着一张儿童培训机构的宣传单回来，告诉妈妈他要去参加兴趣班。敏子指着宣传单上的各种培训项目问齐齐："你想参加哪个？"

"跆拳道、绘画还有魔术，我还要学唱歌……"

齐齐一连指了八九个。

"好，都喜欢就都报了啊！"敏子点点头，然后说，"可是你不是孙悟空，不能分身，即使你周末都不休息，最多也只能选择四样，怎么办？”

齐齐想了想，说：“那我这期先学四样，下期再学另外的。”

“可以，但是你做好周末不能休息的准备了吗？”敏子继续问。

“那我学两样吧，周日休息一天。”齐齐数着指头说。

母子俩达成共识后，敏子按照齐齐的要求给齐齐报了两个兴趣班。因为是自己选择的，齐齐学得很开心也很认真，兴趣班的老师基本都会用很多花样鼓励孩子，每次齐齐额头上都贴着五花八门奖来的贴纸，齐齐总是欢喜雀跃。

敏子从没问过孩子在兴趣班学到了什么，只是问孩子：“今天学得还开心吗？你最喜欢哪个兴趣班？为什么？”

在和孩子交流的过程中，敏子也会慢慢发现孩子的兴趣点在哪里。

齐齐在小学三年级结束后，总共上了十八个不同类型的兴趣班，有些兴趣班坚持下来了，有些兴趣班没有坚持下来。从四年级开始，齐齐只留下了自己最感兴趣的围棋打算长期学习，小学毕业的时候，他拿到了围棋业余段位的最高级别。敏子妈妈说：“我和孩子他爸都不在意这个结果，我们只在意孩子参加的过程，包括考级也是孩子自己提出的。”

让孩子上兴趣班的意义，就是帮助孩子发现自己的兴趣、培养兴趣，只有让兴趣班还原它本来的意义，孩子才会有所收获。如果一个孩子在上了很多兴趣班以后都没什么兴趣，就不必再勉强，兴趣点千千万万，天文地理、琴棋书画、花鸟虫

02 别让假期成为孩子的牢狱

美好的假期，可以用来丰富孩子们的阅历，充实孩子们的心灵，锻炼孩子们的能力，让他们快乐成长。

我们先来晒晒两个四年级孩子的暑假作业吧！

小思的作业：

语文：

1. 完成《暑假生活》。
2. 完成《×× 阅读训练》，每天两页。
3. 把全册一、二类生字各写一行，并组两个词。
4. 每天练一篇钢笔字，每周一篇周记。
5. 每天摘抄五个好词，一个句子。
6. 最少读三本好书，做五件好事。

数学：

1. 完成《暑假生活》。

2. 每天做一页《口算》练习。

3. 将数学课本中的所有计算题在本子上再做一遍。

小宇的作业：

语文：

编辑一本32开的图文书。要求：至少32页，工整地誊抄，写上“序”和“目录”。书名自拟，内容图文并茂，插画和封面图自己设计。书中至少收录自己的原创文章四篇。

数学：

发明三个数学游戏。要求：制作游戏道具，写出游戏说明和设计思路，游戏中蕴含学过的数学知识。

看了这两份迥然不同的暑期作业，肯定很多人都会说：“小宇的暑假会过得比较快乐哟！”确实如此，同样是四年级，不一样的暑假作业会带来不一样的暑期感受。但遗憾的是，目前，很多老师还是习惯布置像小思班里那种假期作业。

这倒不是说老师非要为难孩子，是因为老师还没有跳出传统教育的框框。

不管是暑假还是寒假，老师和孩子都怀着深深的期盼。老师这个职业，最让人羡慕的便是拥有两个黄金假期，可以好好休息，调整一下状态，为新学期充足电。

其实对孩子来说，同样如此。小小年纪，背着沉重的书包，辛苦地过了一学期，也应该放松一下，过一个快乐的假期。

但是，很多孩子的假期过得并不快乐，甚至比上学还辛苦，难怪一些孩子会说："放假没有上学开心！"

"老师放假知道去旅游，孩子们也要去旅游，可是旅游回来就要补做这么多的作业，小手都累抽筋了！根本没有时间享受假期！平时上课的作业已经够多了，老师还那么狠心地剥夺孩子们的假期时间！老师，你也做做这些作业，可以吗？"

小思的妈妈在论坛上大发牢骚，引来了不少家长的"围观"，大家都纷纷晒出自己孩子的假期作业，互相交流讨论。而小宇妈妈晒出的作业，赢得了大家一致的赞同，都夸奖老师有创意，有水平。小宇的妈妈也为儿子遇到这样的老师感到欣喜不已。

小宇的妈妈说，别看小宇的作业不多，但是孩子特别用心，每天都在为自己制作的新书选文章、画图，而且誊抄在书上的字也比平时做作业的字工整许多。

为了能把书做好，小宇还把家里的课外书都翻出来仔细地看了一遍，包括书的装帧、排版、插画等细节。

发明数学游戏也是如此，每次设计完一个游戏，小宇都要拉着爸爸妈妈参与游戏，看看游戏能不能顺利进行，遇到卡壳的地方他会反复研究，找到解决的办法。

除了上课以外，布置作业也能很好地体现出一个老师的教学艺术。平时的教学中，为了让学生巩固基础知识，布置一些抄抄写写的作业是很正常的，但在假期中，如果还是一味地布置这样枯燥的作业，不仅会让孩子对假期产生恐惧心理，也会引起家长的强烈反感。

相信老师布置作业的出发点是好的，希望孩子能利用假期温故而知新，为新学期做准备。但是，换一种作业形式，同样能达到效果甚至更好。

小宇的暑期作业看似简单，操作起来却非常锻炼孩子的能力。编辑图书的工作，不仅可以提高孩子的书写能力、阅读能力、写作能力、绘画能力、审美能力等，还能充分发挥孩子的主动性，增强自信心。

发明数学游戏更是训练孩子的想象能力、动手能力、解决问题的能力，还能让孩子对所学的数学知识有一个清晰的梳理……这样的作业难道不比那些机械的抄写作业更受孩子和家长的欢迎吗？

前些年，我也曾经囿于传统教育的框框，一到放假，就特别担心学生玩了一个假期，下学期回来一问三不知，于是绞尽脑汁给学生布置一些巩固旧知识的作业，包括抄写钢笔字、写周记、写作文等。

新学期开始的时候，检查作业成了一项令我特别头疼的事情，每个孩子拿着好几本作业递到你的眼前，如果真要用心检查，估计三天三夜都不够。

而没做完作业的学生，你又不可能真的不让他报到！所以，很多时候，检查作业也就流于形式了。难怪网上有学生感叹："暑假作业其实就是你写两个月，老师只写一个'阅'。"

我想说："写一个'阅'的老师还算是负责的，有些老师看也没看就把学生的暑假作业当废纸卖掉了！"

每一年开学的时候，我们学校总会出现一些拿着大麻袋东瞅西瞅的人，他们会到每一个办公室的门口问："老师，有没有废纸卖啊？"

有一年我给学生报完名回办公室，发现我的办公桌上空空如也，我吓坏了，赶紧问："我桌上的东西呢？"

因为孩子们把收来的假期作业放在了我的办公桌上，包括我最重视的学生作文本，看孩子们的假期作文是我每个新学期最幸福的事情，我一篇都还没来得及看，怎么就统统不见了？

我拦住一个扛麻袋的人，紧张地问他："你看到我桌上的本子没有？"

那个人说："刚才你们办公室有个老师说这些东西全都不要了，都卖了。"

"我没说过我不要，你还给我！"我伸出手，跟他急了。

"可是老师，那袋东西我已经运走了，就一些用过的作业本，你至于这么紧张吗？"那人不可思议地望了我一眼，走了。

那一刻，我觉得自己真的很对不起我的学生，他们辛辛苦苦写的作文我居然连看都没看一眼就被处理了。从那以后，我再不敢把孩子们的假期作业抱回办公室了。

试想一下，如果孩子们交上来的作业是一本本精致的小书或者一个个极具创意的作品，相信没有哪个“狠心”的老师舍得将它们卖给收废品的吧？

对家长来说，如果你的孩子不幸遇到了小思的那种老师，布置了许多机械重复的假期作业，家长不必勉强孩子一定完成，更不要恐吓孩子：“没完成作业就不能报到。”

因为这是不可能的事情，小学老师没有权利让任何孩子不报到。孩子在恐吓下即使完成了作业，质量也是不尽如人意的，这样做除了增加孩子对做作业的厌恶，没有丝毫好处。

如果老师责问孩子为何没有完成作业，家长可以变通地告诉老师，假期里，孩子去做了些什么，得到了哪些收获，甚至可以做成假期纪念册展示给老师看，让老师明白很多事情比做重复的作业更有意义。

雪儿上小学五年级了，每到放假时间，她的父母都会抽空带雪儿去各地游玩。每去一个地方，雪儿都会用简易的DV拍下她的所见所闻。

在爸爸的帮助下，雪儿学会了剪辑、配乐和解说，回家后她把自己制作的旅行短片上传到网上和大家分享。因为旅行和制作短片占用了许多假期时间，每一个假期，雪儿都完不成老师布置的假期作业，新学期报到的时候，她总会送上一张记录旅行见闻的光盘给老师。

后来，雪儿拍摄的旅行短片被某个电视台的编导发现了，

饶老师温馨提示

朋友圈盛传一个帖子，列出了美国小学生暑假要做的一百件事，包括“给朋友打电话、开睡衣晚会、去野营、吹泡泡、去旅行、去拜访他人、去图书馆、带着微笑做家务……”总之，暑假最重要的目标就是——玩得高兴！

我们不必照搬美国的教育方式，毕竟两个国家的文化背景、教育环境都大不相同，但是我们至少可以从中看出，情趣盎然的暑假作业，才会对孩子充满强大的吸引力，吸引他们抓紧时间去完成。美好的假期，可以用来丰富孩子的阅历、充实孩子的心灵、锻炼孩子的能力，让他们快乐成长。

家长和老师根本不用担心假期里孩子玩疯了，心就收不回来了。这些年的教学经验告诉我，新学期的第一周是课堂纪律最好、孩子们发言最积极的一周，因为休息了一两个月，这些小家伙对上学充满了无限的热情。聪明的老师，会利用孩子们的这份热情，将快乐教学进行到底！

03 奥数也是一种兴趣，学得痛苦不如不学

如果孩子能把奥数当作一种兴趣来学习，那学起来自然是十分轻松愉快，哪怕遇到一些困难，也愿意去挑战，尝试解决困难的快乐。反之，若孩子本身对奥数没有丝毫兴趣，学起来自然是备受折磨。

网上曾经盛传一句名言：奥数让百分之九十五的孩子成了陪练，让大部分孩子一次次证明自己是傻瓜。

其实很多家长都明白其中的道理，但残酷的“升学战”“择校选拔”等却让大多数普通家长必须视奥数为孩子升学的一个重要砝码，即便不情愿，也不敢轻易放弃。除非有一天，所有升学、择校的考试中，不再出现奥数试题，否则，“奥数热”只会在批判和无奈声中继续持续下去。

我一直觉得，奥数和唱歌、跳舞、弹琴、游泳等一样，都属于一种兴趣爱好。既然是兴趣，就肯定会因人而异。如果孩子能把奥数当作一种兴趣来学习，那学起来自然是十分轻松愉快，哪怕遇到一些困难，也愿意去挑战，尝试解决困难的快乐。反之，若孩子本身对奥数没有丝毫兴趣，学起来自然是备

受折磨。

南京有一位女生叫小梦，这个女孩不仅曾多次获得全国奥数竞赛金牌，她还代表中国参加了全世界的奥林匹克数学竞赛，从近二百名世界奥数高手中脱颖而出并摘得金奖。当记者采访小梦，请她谈谈自己的学习经验时，小梦说："我觉得兴趣最重要，小学的时候我们班有三十多个同学一起报名奥数班，而现在坚持下来的只有我一个人。我是真的喜欢学奥数，喜欢攻克难题后那种抑制不住的喜悦，这也是我坚持到今天的动力。"

虽然只有百分之五的孩子适合学习奥数，但如何才能知道自己的孩子是不是属于这百分之五呢？既然奥数也是一种兴趣，那么带孩子走进兴趣之门是至关重要的，所以给孩子找一位好的老师来激发孩子的奥数兴趣，是每个家长首先要考虑的问题。

万女士的女儿萍萍在一家重点小学上三年级，成绩不错，一般都保持在前十名。一次家长座谈会后，万女士听说女儿班里有二十多名孩子都要去上某某奥数班，萍萍也强调："我的好朋友都去那里上奥数了，我也要去。"万女士看到萍萍这么上进，内心欢喜不已，赶紧给萍萍报了名，除了知道奥数班的地址，万女士根本不了解奥数班的师资情况、教学内容等。而萍萍，更是对奥数一无所知，她还天真地对别人说："我学了奥数，就可以去参加奥运会了！"

一期的学习结束后，萍萍便提出不愿再去上奥数班了。万女士严厉批评萍萍没有常性，命令她必须继续学习下去。萍萍含着眼泪答应妈妈继续上奥数班，但是每次去上课，萍萍都一脸不高兴，还找各种理由磨蹭。万女士一看见女儿这样，就控制不住地发脾气，把女儿连拖带拽地骂走。不仅如此，万女士还发现女儿对数学学科也开始厌恶起来，一碰到难题就不愿动脑筋，消极逃避。

女儿的数学老师主动找到万女士沟通孩子的情况。老师告诉万女士说："萍萍在班里本来成绩优秀，但最近我发现她上课无精打采，不再主动发言，成绩也在下降。我和她长谈了一次，她说不想再学奥数了。她听不懂老师讲课，不会做难题，老师骂她是'笨猪'，她觉得自己很笨……"

听了老师的话，万女士非常自责，她怪自己没有去了解女儿的痛苦，只是一味地责怪她，让她受了这么大委屈。

虽然万女士让女儿马上停止了奥数的学习，但学奥数的挫败感一直留在萍萍心里，成了一个抹不去的阴影。

"兴趣是最好的老师"，老师无论教什么，只有激发学生的学习兴趣，让学生在愉快的气氛中学习，才能够调动学生学习的积极性，引导学生走进知识之门。

有的家长怕麻烦，图省事，看见别的孩子都去某某班学奥数，就把自己的孩子也往同一个地方送。还有的家长认为，低年级的奥数简单，随便找个老师教就可以了，等孩子面临升学、比赛时再找好老师，"好钢要用在刀刃上"。殊不知，现在社会上有的奥数班一味地追求成绩，并不是为孩子的健康成长负责。错误的教育方法会抹杀孩子们对数学的热爱，加重他们的精神负担，使他们半途而废甚至从此变得自卑。

无论学什么，孩子只有学得快乐、方法得当，才能有克服困难一直前进的动力。越是早期教育，越需要找好的老师。孩子的智商、情商开发得越早越得当，成才的路才能走得越快越稳。

思佳的爸爸刘先生是一所名牌大学的教授。刘先生常说："与成才比起来，我首先希望我的孩子健康、聪慧并具备女孩子的美好特质。"话虽如此，刘先生还是未能免俗地给四年级的思佳报了奥数补习班。"没办法！班里其他孩子都在上，如果我的孩子一点也不会，我怕她会有压力。"

不过，在选择奥数补习班之前，刘先生可是经过了一番走访调查。

思佳的数学基础比较扎实，但她天性胆小，不是很有主见和自信。刘先生问女儿："你愿意去学习奥数吗？"思佳没有点头也没有摇头，只是说："随便。"也许四年级的思佳还不太明白奥数具体学什么。

"既然女儿没有异议，让她去尝试一下也好。"刘先生这样想，于是，他就开始为女儿"物色"老师。

朋友们给刘先生推荐了好几个优秀的奥数老师。刘先生首先是对这些老师所教的学生进行询问，结果发现学生们说法不一。对于同一个老师，有的学生说："我很喜欢老师的教学方式，他讲得很精彩，我听得很带劲。"有的学生却说："我完全不知道这个老师讲的是什么，每次去上课都像听天书一样，痛苦至极。”

看来只是耳闻不行，必须亲身实践。于是，刘先生亲自上阵，加入了试听家长的队伍中。经过甄别，他得到两个目标人选：一个老师幽默风趣，把奥数题讲得像游戏一样好玩；另一个老师温柔亲和，永远不会发脾气，只要哪个孩子没弄懂，她总是循循善诱，直到孩子完全弄懂为止。

刘先生让女儿在两个老师的班里分别试听了一节课，最后思佳选择了那位幽默风趣的张老师。思佳在张老师的班里念了三年奥数，直到小学毕业。虽说思佳的奥数成绩一直没有出类拔萃，但是她从没对奥数产生厌恶心理，每次她都是充满期待地去上学，开开心心地回家，遇到不会的题就和爸爸一起交流讨论，或者下次上课再去问张老师，张老师总是能轻松幽默地给她讲解明白。刘先生很感谢张老师，是他把思佳引进了奥数的大门，没有让很多人眼中“万恶不赦”的奥数变成孩子的负担，摧毁孩子的童年。

准确地说，真正对奥数有兴趣的孩子是那些在课堂上“吃不饱”的孩子，课本上的数学基础知识远远不能满足他们的求知欲，他们需要更有难度和深度的奥数来填补自己对数学知识的渴求。但即使在这些孩子中，能一路过关斩将冲到国际数学奥林匹克顶峰的人也只是凤毛麟角。

对多数普通的孩子来说，学奥数具有激发兴趣、训练思维、培养良好学习习惯的作用，这些比冲击比赛更重要。作为奥数老师，要本着对孩子兴趣的培养、方法的启迪、知识的补充来进行教学，让孩子们更好地发挥主动性和创造性，而不应脱离学生实际、违背学生思维发展的规律，更不能让学生陷进“奥数题海”。

关于奥数这个话题，家长们有太多的心酸故事。

小全的学习在班里属于中等，数学成绩也不突出。小全的爸爸一直反对儿子参加奥数班，可是小全的妈妈非要逼着孩子学奥数，为此，夫妻之间不知道争执了多少回。小全妈妈说：“我也是为孩子的前途着想，你说现在要上好的初中，谁不学奥数？”小全的爸爸说：“我小时候也没学奥数，没上重点中学，还不是一样考上了重点大学？”“那是你的年代，现在竞争这么激烈，除非你有钱送孩子去国外念中学，否则，只要在国内，就免不了奥数这个坎。”小全妈妈的话让小全爸爸无言以对，只能妥协。

小全在六年级的时候，一连上了三个不同的奥数补习班，用小全妈妈的话说是上了“三保险”。经过魔鬼般的“题海战术”，小升初的时候，小全果真以超水平的发挥考上了理想的中学，其中奥数成绩占了绝对的优势，小全妈妈自然是得意不已。

可是好景不长，初一第一学期的期末成绩下来，小全排名全班倒数第二，曾经让他引以为傲的数学只考了三十多分。小全妈妈看到成绩单，一下子蒙了，连忙找到小全的数学老师询问情况。

老师说："我碰到过很多这种情况，孩子成绩一般，快要小升初了，就突击一下奥数，搏一搏，结果搏进好初中。这种对待奥数的功利态度是非常有弊端的。孩子虽然顺利进入初中，但会非常不适应。小全对数学有一种非常恐惧的心理，一上数学课，他就紧张得面红耳赤，生怕没弄懂。"

一位读者妈妈在 QQ 群里留言："新学年开始了，这一学期，女儿上六年级了，马上就要面临学习生涯中的一件大事：小升初。可怜的孩子整天被奥数，英语压迫着，少有休息时间。虽然我们现在还不能完全做到让孩子快乐读书，但是还是尽可能不让孩子痛苦读书。真的，我还是很为现在的小孩子惋惜的，他们比我们那时学的多了，但失去的也一样多……"

这位妈妈真是说出了众多家长的肺腑之言。奥数啊奥数，如果我们暂时还不能让孩子轻易放弃，那么至少，想办法让孩子少些痛苦吧！

饶老师温馨提示

是否让孩子学习奥数？家长首先要根据孩子自身的情况进行理性分析，如果你的孩子连在学校的课内知识都消化不了，也去学奥数，这只能带给他们更多不成功的体验，让他们学得痛苦，甚至还会摧毁他们学好数学的自信心。

如果孩子基本能掌握数学基础知识，在小学三年级以后，可以让孩子进行奥数学习。但在学习前，家长和老师首先要告诉孩子奥数学什么，也可以带孩子先去试听奥数课，对奥数课程和知识有一个整体的感知。如果孩子不愿意学习，请尊重孩子的意愿，强扭的瓜不甜。如果孩子愿意学习，家长要定期观察孩子学奥数的表现，观察孩子是否对奥数学习有着长期的兴趣。如果一旦发现孩子开始有厌学情绪，应马上和孩子沟通，了解孩子的真实想法，必要时可以让孩子停止奥数学习。

奥数看上去枯燥，但真正的好老师，会让奥数学习变成智力游戏，让孩子们快乐地学，而不是把奥数变成孩子们的负担和噩梦。

04 提升孩子的专注力，从孩子的兴趣点入手

孩子专注力的建立，往往都是从沉迷于他感兴趣的某件事中开始的，家长需要尊重孩子的这种“沉迷”。利用孩子的兴趣点，发挥孩子的主动性。

“你就不能专心一点吗？”

“你专心一点就不会错了啊！”

“你做事为什么老是不专心？”

这些是不是你的口头禅？

许多父母都希望孩子学习“专心一点”、弹琴“专心一点”、吃饭“专心一点”，甚至玩都得“专心一点”。有些父母购买了许多书，给孩子规定了每天要阅读的时间，希望能达到让孩子“专心”的目的；有些父母像监工一样，守在孩子旁边监督孩子做事，随时提醒孩子不要分心。甚至有些父母为了提升孩子的专注力，强迫孩子每天在家静坐一个小时等等。但这些方法似乎都不甚奏效，最多也只是治标不治本。

小轩的妈妈也有这样的苦恼。小轩二年级了，最大的问题

法集中于某件事太久，对感兴趣的问题也不会寻根究底、深入思考，对新事物也无法透彻学习，真正吸收的知识及经验也会随之减少。

如果三岁前的孩子，对某一种玩具或游戏很感兴趣，不妨让他重复玩、专心玩、尽情玩，使他掌握应有的技能，孩子也能从中得到最大的乐趣。带小朋友到公园或其他地方玩耍，要预留足够的时间，不要只局限于带孩子玩娱乐设施的项目，让孩子和大自然的一草一木、小花小虫亲密接触都是必不可少的。

有的家长会说："孩子三岁前，我完全没有经验，没有重视对孩子专注力的培养，那现在孩子已经上小学了，专注力不够，是不是就没有办法了呢？"

当然不是。孩子十二岁之前，可塑性都很强。只要家长有心，随时都可以开始提升孩子的专注力，只要孩子是正常的、健康的，那么，父母就不必依赖任何人，相信自己，父母是孩子最好的导师。

孩子上学后，提升孩子的专注力要针对孩子的性格特点使用不同的方法。

每一个班级里，不可避免地都会有几个静不下心的孩子。我曾经也教过这样的孩子，印象最深的是小柒，小柒是一个很机灵的男生，两只眼睛又圆又亮，回答问题也很有自己的见解。可是上课不到三分钟，他就会站起来咬着笔杆蹲在椅子上，做作业时胡乱写几笔，就去影响旁边的同学。

我找小柒妈妈了解他在家里的情况，小柒妈妈说小柒从小就静不下来，做事情都是三分钟热度，除了一件事……

“什么事？”我好奇地问。

“拼图，他最喜欢拼图，只要一拼图，他非得拼完才做别的事。”小柒妈妈说，“除了拼图以外，他做其他事几分钟就要分心，明明二十分钟就可以做完的作业他可以做两个小时。每天，我都守在他旁边不停地催促他，我也累。为此，我把家里所有的拼图都给他没收了，想等他改掉不专心的坏毛病后我再还给他，但是好像也没什么效果。”

我想了想说：“或者我们可以改变一下方法，借拼图的力量提高小柒对其他事情的专注力。”

小柒妈妈回家后，按照我们商量的方法改变了策略，她对小柒说：“妈妈从今天开始不监督你做作业了，拼图也还给你。”

小柒惊讶地望着妈妈，难以相信妈妈一百八十度的大转变。

小柒妈妈说：“饶老师还让我和你玩一个游戏，我做饭的时候你拼图，看看是你快还是我快，你做作业的时候我拼图，看看是我快还是你快！”

“哈哈，真的吗？那我肯定都比你快！”小柒自信地说。

后来小柒妈妈告诉我，这个方法确实有效。小柒是个好胜心强的男孩子，所以做什么事都不想输给别人。为了证明他比妈妈快，他集中精力拼图和做作业，特别专心致志。虽说，这个方法不一定能长期有效，但从这件事中，小柒的妈妈也悟出了一些引导孩子的方式方法。

孩子专注力的建立，往往都是从沉迷于他感兴趣的某件事中开始的，家长需要尊重孩子的这种“沉迷”。当孩子入学后，有的家长为了让孩子专心学习，杜绝了孩子的许多兴趣点，有的甚至没收孩子的电子产品、玩具等，认为孩子没有这些东西“分心”，自然可以专心致志地学习。而事实却恰恰相反，被剥夺兴趣的孩子往往做作业更加精神不振，心不在焉。作业不多，孩子却要花上几个小时才能完成。其实，这也很容易理解，生活是需要期待的，对大人如此，对小朋友来说也是如此，有期待才会有快乐，有期待才会有主动性。小朋友最大的期待就是他感兴趣的事情，如果你剥夺了他的期待，那他做什么事都会无精打采。所以提升孩子的专注力，家长要做的不是剥夺，而是利用，利用孩子的兴趣点，发挥孩子的主动性。

此外，很多游戏也可以培养孩子的专注力和注意力。只要家长留意观察，孩子总有些活动专注力较强，那么家长便可以从这个方面着手，使孩子从中体会到“越专心做，越有趣味，越有成就感”。

记得我女儿安朵在不同的年龄段，都会喜欢不同的游戏。三岁左右，她钟爱拼图，各种各样的小拼图，每次拼完一张，她就会举起双手大喊“太棒了！”有时，她也要求大人和她一起比赛。五岁左右，她又迷上了下棋，有一种棋叫“大富翁”，里面有各种各样的小卡片，包括金钱卡、过关卡等，非常耗时，对大人来说真的好无聊。每一次，她拉着我陪她下这种棋，说实话，我内心是极度抗拒的。但因为家里没有别的小玩伴，我也只好硬撑着陪她。慢慢地，我也了解到，安朵喜欢需要动脑和动手的游戏，于是，我逛街的时候，会刻意寻找这种游戏。有一次，我买到一个训练记忆力的魔盒，盒子里是几十张卡片、一个沙漏和一个骰子，每张卡片上的正面都是中国不同的地理风貌或者名胜古迹，背面是针对正面内容的相应问题。玩家 A 抽出一张卡片立刻记忆，沙漏用来计时，时间一到，玩家 B 收回卡片。玩家 A 扔骰子，扔到的数字对应卡片背面的问题。如果玩家 A 回答对了，卡片则归属他；如果回答错误，卡片归属玩家 B。最后谁的卡片多谁获胜。

安朵对这个记忆魔盒特别有兴趣，每天都会主动抱出盒子和我一决高下。我也挺喜欢这个游戏的，不但能训练记忆力，也能了解到很多中国的风土人情。做游戏时，我从来不会把安朵当成小孩，我会竭尽全力和她 PK，开始的时候，因为我的知识储备毕竟比她多，我会占些优势，但是多玩几天以后，我明显感觉她追了上来，我们俩不分伯仲。这个记忆魔盒还有一个好处，可以支持多人比赛。有一天晚上，亲朋好友来家里做客，安朵拿出这个魔盒和大家一起玩，连外公外婆也加入了其中，大家玩得兴致勃勃。如今想起来，那种其乐融融的家庭气氛，也令我感到温暖。这绝对是当初我买记忆魔盒时未曾想到的福利。

家长和孩子做游戏时，要根据孩子的实际情况选择难易度，尽量使孩子感到有趣、有挑战，通过努力可以完成。如果游戏太容易，孩子会觉得索然无味，很快放弃。如果游戏太难，孩子会感到又多做了一份功课，因而产生抗拒的心理。

提升孩子专注力的图书和玩具有很多，比如：涂色、找不同、连线、迷宫、拼图、视觉追踪、听觉训练、记忆魔盒……只要家长根据孩子的特点用心选择，总能找到孩子的感兴趣的游戏，家长和孩子一同参与游戏，不但能提高孩子的专注力，还能和孩子建立良好的亲子关系，何乐而不为呢？

饶老师温馨提示

💡 对孩子专注力的培养越早越好。家长在孩子婴儿期可以选一些短短的儿歌，每天重复播放。尽量避免让婴幼儿一边玩玩具，一边看电视。不要同时给孩子太多玩具，如果孩子对某一件玩具或游戏很感兴趣，不妨让他重复地玩，专心地玩、尽情地玩，他也能从中得到最大的乐趣。

💡 训练孩子独立学习的能力，安排孩子在一个固定的位置做功课。家长要避免“陪太子”读书，否则只会造成孩子的依赖性。

💡 将学习时间分段。如果作业太多，可以分段完成。每隔一段时间，让孩子休息一会儿，例如摆动四肢、喝喝水，也是很好的休息方法。

💡 尊重孩子游戏的时间。尽可能每天安排孩子一些做游戏的时间；长时间做功课，只会使孩子的专注力不断下降。

💡 让孩子的生活有规律。良好的饮食习惯、充足的睡眠及适量的运动是培养良好专注力的重要条件。

05 别让“优越感”把孩子推向边缘

有些家长觉得要“富养孩子”，不能让孩子在班里抬不起头，殊不知，过于“富养”的孩子，也会遭到同学的排挤。

一位妈妈和我聊天时，问了我一个问题：“饶老师，我不明白为什么儿子不愿意背新书包去学校，我在国外给他买了一个特别时尚的书包，不仅外观新潮，而且书包设计精妙，减压塑身，对孩子的健康很有好处，可是他说什么也不愿背去学校，只背他的旧书包。”

我告诉她：“你家儿子不愿意背新书包不是因为这个书包不好，而是因为这个书包太好，甚至太新潮太特别，孩子不愿意与众不同，仅此而已。其实从另一个角度来说，也是一件好事，说明你家儿子不想有过度的优越感。”

我曾经对我的小读者们做过一个调查，小学生在学校最怕的事是什么？排在前三件的依次是：怕老师批评、怕同学欺负或嘲笑、怕自己和别人不一样。前两件很多家长或许都能猜到，但第三件“怕自己和别人不一样”很多家长都表示不曾预料到。没错，小学阶段的孩子非常怕和同学不一样，这种“不一样”包含很多很多：背的书包、用的学习用具、看的电视节目、玩的手机游戏、旅行过的地方、吃过的食物，甚至包含父母的工作等等。虽不是说要和同学一模一样，但大致是在相同的范围，如果孩子比同学过于优越或者过于落后，都会让他感到不自在。

有些家长觉得要“富养孩子”，不能让孩子在班里抬不起头，殊不知，过于“富养”的孩子，也会遭到同学的排挤。

孩子在学校里本来都是平等的，可是由于成人思维中许多复杂的观念使然，会不知不觉地使一些学生有了优越感。记得我之前班里有个学生叫年年，他的父亲是个年轻的企业家，在我们当地很有名，经常出现在各种大型活动和电视新闻里。有一次，学校庆祝六一儿童节，也邀请了他来参加，并作为家长代表发言，年年看到爸爸特别兴奋，指给同学们看：“这就是我爸！他是老总，校长请他来的，还给学校捐款了呢！”一些同学很羡慕，还有一些同学不满地说：“你爸是你爸，又不是你，你显摆什么？”“哼！我就是显摆，关你什么事？有本事也让你爸爸给学校捐款啊！”年年立即与同学对抗起来。

有优越感的孩子常常伴有一个特点是任性，经不起任何挫折。他们认为自己优于别人，习惯被别人照顾，而一旦失去了这种优越条件，就会表现出任性、偏执、不可理喻。年年就曾经对一个不肯给他抄作业的女生说：“你妈妈在我爸爸公司上会影响到他的交际，长远看来，还会影响到他的性格，所以父母必须及早注意。

为了及早调整孩子过分的优越感，父母首先要有正确的金钱观，怎样让孩子理解父母的金钱与资产同自己成长之间的关系呢？在这一点上，西方一些大富翁的做法颇值得中国父母借鉴。与我们所说的“再穷不能穷孩子”不一样，西方人崇尚“再富不能富孩子”，富翁们意识到让孩子拥有一种天生的金钱优越感对孩子的成长而言是有百害而无一利的。他们会让孩子明白：金钱的获得并不是轻而易举的，有价值的财富要靠自身的努力去积累，积累财富的过程或许比财富本身更有价值。

要消除孩子潜意识里的“优越感”，父母可以通过谈心，帮助孩子认识情绪的困扰和交往的障碍是由于他以自我为中心所导致的，朋友之间平等相待、互相尊重才是人际交往的基本条件。

此外，父母可以带孩子去自己的工作场所走一走，跟孩子讲讲自己的创业史，让他们看到父母辛苦的一面，使孩子逐渐明白有钱不是理所当然的，需要艰苦奋斗才能获得，未来要靠自己去创造。在孩子逐渐长大后，带领孩子接触社会生活，深入社会，让他们了解现代社会是知识的竞争、能力的竞争，只有自身掌握知识、提高能力才可能在社会上立于不败之地。通过激发孩子的学习动力，摆正学习动机，从而逐渐摆脱“反正家里有钱，我努不努力都无所谓”的错误想法。

饶老师温馨提示

家长应具备正确的金钱观和价值观。所谓优越感，包括物质的富足和精神的可贵，我们通过奋斗和努力让自己的生活条件更富裕了，同时也要提升自己的精神境界，只有这样才能给孩子正确的引导。

购物时，让孩子自己做主。父母条件好了，总希望不亏待孩子，给孩子买最贵的东西，殊不知孩子最需要的是什么。建议给孩子购物时尽量听取孩子的意见，让孩子自己做主。

让孩子了解父母的创业过程或者工作情况。多和孩子沟通你工作中的快乐与辛苦，有机会也可以带孩子去你工作的地点实际感受一下，让孩子明白财富不是轻而易举得到的，需要靠自己创造。

适当让孩子参与家庭日常开支的管理。可以让孩子做一个月的家庭管家，让孩子学会有计划地花钱，合理地花钱，理性地掌控金钱。

06 比不比赛，孩子都可以很优秀

参加比赛也好，不参加比赛也好，有荣誉证书也好，没有荣誉证书也罢，这些都不重要。重要的是，终有一天，孩子能长成一棵漂亮的独具特色的树，在我们的视野里茂盛蓬勃。

乐小丫是个漂亮可爱的小姑娘，从三岁开始，就被乐妈妈带去参加各种表演和比赛，小小年纪的她，不但获得了全国幼儿模特大赛金奖、全国儿童才艺大赛金奖等众多荣誉，而且出演了多部电视剧，这让乐妈妈十分骄傲。

小丫进入小学，更是备受学校关注，但凡有什么大型演出或者重要的比赛，学校都会力推小丫去参加，为学校争得荣誉。

一次歌唱比赛，小丫没有发挥好，只得了个三等奖。小丫哭着倒在乐妈妈的怀里，乐妈妈以为小丫为没有得到好名次而难过，赶紧安慰小丫：“宝贝，这次失败了不要紧，你有实力，我们下次继续努力。”

小丫却哭得更大声了，她抽泣着说：“妈妈，你觉得我参加这样的比赛有意义吗？”

乐妈妈说：“有啊，你能在比赛中得到锻炼，也能为自己、为妈妈、为学校争光啊！”

小丫摇摇头说：“可是妈妈，比赛参加得越多，我越不快乐，我好累！”

乐妈妈看着小丫哭花的小脸蛋，听着女儿说出如此沉重的话，不免心酸，同时也充满了疑虑：“人人都夸小丫优秀，那还该不该让优秀的小丫在比赛的道路上继续走下去，赢得更多的荣誉呢？”

都说优秀的孩子最累，真是没错。孩子各方面素质强，家长就恨不得让所有人都知道。学校也恨不得拿这些孩子当学校的“头号种子”，打响学校的知名度。

让孩子参加各种竞赛，美其名曰是为了锻炼孩子的能力，实现自我价值，但实际上有多少家长和老师真正问过孩子是否愿意参加？

而一个孩子优秀与否，又仅仅是凭那一沓厚厚的荣誉证书可以评判的吗？

当然不是。

讲一个身边的例子。我的姐姐雪漫有个聪明可爱的儿子童童。姐姐崇尚的是快乐教育，所以，童童从小到大都生活得无拘无束，是个典型的乐天派。

有一次，我应邀去他们班做讲座，看到他和同龄孩子站在一起，似乎显得稚嫩，而回答的问题，却都是入木三分。

童童小学毕业考重点中学，姐姐去给童童报名时，看到报名的家长几乎人人都拿着一个厚厚的文件夹，里面装着孩子小学六年获得的各种荣誉证书，而姐姐手里，只拿着一本薄薄的介绍儿子的小册子。

报名老师带着很奇怪的眼神问她："就这个？""就这个。"作为一个知名作家，姐姐第一次觉得有些难堪。

她打电话对我无奈地说："唉，细细想想，童童这几年确实什么比赛都没参加，本来有一张'三好学生'的奖状，可是贴在家里的墙壁上，被他的海贼王海报遮住了，怎么也撕不下来……"我当即笑晕了。

本来姐姐一直觉得童童考不上那所重点中学，没想到，童童不仅文化课过关了，更在面试中表现出色，逗得面试老师哈哈大笑。听说，面试老师用英语问他："你妈妈是做什么的？"

他用英语回答："我妈妈有时是个作家，有时是个杀手。""为什么说妈妈是个杀手？"老师奇怪地问。

"因为，如果我这次没考上你们学校，估计妈妈……会杀了我。"

最后，没有一张荣誉证书的童童顺利进入了那所学校，还在新生军训中被评为了优秀学员。

虽然他没有参加过任何比赛，但没有人质疑他是个优秀的孩子，他会写许多让人捧腹大笑的微博段子，积攒的粉丝成千上万。他会写几万字的幻想小说，会自己制作漫画脚本。

出国旅游时，他能比同行的我们之中任何一个人都有胆量去同外国人交流。

我想，这样的孩子会比那些常年挣扎在无休止的比赛中的同龄人更加快乐吧！孩子，只要能够按照自己的方式轻松健康地成长着，这就是最幸福的事情了。

当然，并不是说否定孩子参加一切比赛。一些正规的比赛确实可以锻炼孩子的胆量，培养孩子的毅力、进取心，这是毋庸置疑的。问题是家长和老师要擦亮眼睛，看清组织比赛的目的是不是都以孩子的发展为前提？对某个比赛，孩子有没有兴趣，愿不愿意参加？

有些机构会打着比赛的幌子来谋取自己的利益，这样的比赛通常吹嘘得天花乱坠，没有必要让孩子参加。

每年，学校各个办公室都会收到一些推荐学生参加比赛的信函，名目多，内容杂。若老师没有经验，抑或不擦亮眼睛，很容易带着学生掉进“比赛陷阱”！

我就曾多次在学校收到过类似的信，大致内容就是让老师推荐学生参加某某杯全国作文大赛，参赛学生每人收费一百元，返给推荐老师五十元，信中还表示所有参赛学生都能得到奖项，颁发相应的证书，同时，还给辅导老师荣誉证书。书信上盖满了各种鲜红的印章，看起来还颇为正规。

看到这样的信，我都会毫不犹豫地扔进垃圾桶，因为我一直觉得，要让学生自己掏钱参加的比赛都没必要参加，倒不是说家长舍不得钱，而是这样的比赛明显是变了味儿的，没有任何意义。

有一次，我班里的小志同学捧着一个大大的、金光闪闪的奖杯到学校来，引来同学们的围观和赞叹。

小志骄傲地举着奖杯告诉我：“饶老师，这是我得到的全国某某杯书画大赛金奖的奖杯！”

“真漂亮啊！”我赞许地摸摸他的头。

“是啊，我爸爸出了二百八十元买的，本来一百八十元也能买，但是我爸爸说要买就买金奖，买最好的！”

小志天真的话语让我哭笑不得，家长花钱买个这样的奖杯难道仅仅就是为了博取孩子的开心吗？

比赛的性质变了，变得不伦不类，孩子参加这样的比赛，得不到锻炼，只是暂时地满足虚荣心而已。

那么什么样的比赛是正规比赛，可以放心让孩子参加呢？

对于小学生来说，首先，正规的比赛，主办方不会收取参赛费；其次，家长要查询主办方的资质，是不是权威机构认可的，以前有没有主办比赛的经验；再次，尽量多带孩子参加社会上有一定影响力的比赛。这类比赛往往举办过多届，有宣传，有口碑，比赛体系完整，不会让家长和孩子摸不清方向。

此外，在孩子参加比赛前，家长还应了解一下比赛能否保证公平、公正。只有在公平竞争的比赛中，比赛结果才具有说服力，孩子也才会得到真正的锻炼。

当然，最重要的是，无论让孩子参加何种比赛，家长首先都要征求孩子的意愿，毕竟，参加比赛的是孩子，不是大人。孩子的想法最重要。

若在家长的鼓励下，孩子愿意参加，就不要在意比赛的结果，告诉孩子参与就好；若孩子始终不愿意参加比赛，家长也不必勉强，孩子能力强，总会有表现机会的，只是迟早的问题。

“我儿子在学校的一次作文比赛中拿奖后，从此就对语文学习特别认真，还对各种书产生了兴趣，并且不用要求他自己都会写点东西。”小杰的妈妈在我的读者群里自豪地说，“感谢那次作文比赛，让我儿子爱上了阅读和写作。”

小远的妈妈却遗憾地说：“我从小就爱表现自己，参加过各种各样大大小小的比赛，每次获奖我都会感受到一种从来没有过的动力，是比赛带来的荣誉感陪伴我长大的。所以我一直都鼓励我的儿子也多去参加比赛，可惜我那儿子生性腼腆，跟他说什么也不行，就是不喜欢表现自己，一天到晚就喜欢闷着头做小手工。唉！真是不像我！”

孩子是独立的人，不是家长的复制品。他们就像一棵棵正在成长的树，在阳光雨露的滋养下，把枝丫伸向不同的方向，如果家长、老师和社会的意志强行规定他们的生长方向，孩子就会失去自由，最终会失去自我。

饶老师温馨提示

老师和家长可以鼓励孩子参加正规的比赛。不管参加何种比赛，都要让孩子知道名次不是最重要的，重要的是参加比赛的经历。不要给孩子灌输争名夺利的观念，这会让他们误解比赛乃至生活的真正意义。

比赛并非参加得越多越受益。不要把孩子长期放在无休止的竞争中，要让他们按照自己的兴趣生活。家长和老师需要做的是正确、有效地引导，把让孩子成为健康快乐的人放在教育的第一位。

有些家长认为，孩子成绩不佳，比较内向自卑，应该多多参与比赛进行锻炼。这种想法有很大的问题。如果把这类孩子推向各种残酷的比赛，若孩子在比赛中获得好名次尚可，一旦失败，比赛不但对孩子没有帮助，反而会伤了孩子，进一步打击孩子的自信心。参加比赛也好，不参加比赛也好，有荣誉证书也好，没有荣誉证书也罢，这些都不重要。重要的是，终有一天，孩子能长成一棵漂亮的独具特色的树，在我们的视野里茂盛蓬勃。

第四章

家校配合，助力孩子健康成长

01 家长会不是老师的独唱会

家长会不是学生的“审判会”，更不是老师的独唱会，它应该是家长、老师、学生三方平等对话、真心沟通的桥梁。搭好了这座桥，教育中遇到的种种问题才能迎刃而解。

我还记得我第一次召开学生家长会的情景。长着娃娃脸的我看着比同龄人小，因为要开家长会，我就穿了一套颇为老气的西装非常严肃地走进教室。

看着讲台下坐着黑压压一片比我年长的家长，我很紧张，但还要故作镇定。我拿着事先写好的发言稿噼里啪啦念完以后，觉得自己完成了一项重大的任务。

接下来，学着老教师的模样点名留下几个所谓的“差生”家长单独交换一下意见，家长会就这样草草结束了。很多年以后，我越来越成熟，开家长会不再有丝毫的紧张，也不再需要任何发言稿。家长们总是很耐心地听我讲话，有的家长还频频点头，认真做着笔记。

每一次我洋洋洒洒地说完以后，也会问上一句：“家长们有什么建议可以在这里提出来，大家也可以借此机会互相交流一下孩子的学习情况。”

在这个时候，多数家长都会保持沉默，偶尔也会有个别家长发言，但始终没有我想要的交流氛围，在冷场的情况下，家长会也只有被迫收场。

很多家长会都成了老师一个人的演讲，老师演讲得好，台下家长还听得津津有味；老师演讲能力欠佳的话，台下的家长也可能昏昏欲睡。

有一次，我去杭州某小学听观摩课。课间休息的时候，我在校园里漫步参观，走到一个教室窗口，看到里面坐着很多家长和孩子，黑板上写着：欢迎各位家长!

我很好奇，难道这是家长会?

于是，我站在窗边，欣赏到了一场别开生面的家长会。

教室前的大屏幕上正在播放一组幻灯片，班里孩子们在学习、生活、劳动和运动会上的照片一张张清晰地展现在大家眼前，那些生动的场面，那些纯真的笑脸就连我这个“外人”也看得心潮澎湃。

紧接着，小主持人上台，宣布：“下面是‘说说你的优点’环节，第一个演说者是于老师。”这位于老师三十多岁，看上去亲切、温和，她在大家的目光中从容地走上台，用诗一般的语言诉说着班里学生的优点，家长们听到老师这样当众表扬孩子都非常激动，有的家长眼中闪烁着晶莹的泪光。紧接着，家长和孩子互相诉说对方的优点。这样的诉说让在场的每个人脸上都洋溢着自信的微笑。

然后，于老师发给每个家长一封信，信中是老师针对不同的孩子给家长的特别建议。学生和家长也在精心设计的问卷上写上对对方的期望。

我想很多孩子平时不敢和家长说的话，此时都有机会畅所欲言吧，这样的方式，让家长和孩子的心贴得更近了，也不会出现几家欢喜几家愁的局面。

这场特殊的家长会让我突然醒悟：我之前召开的家长会之所以成为我一个人的独角戏，不是因为家长们不愿意交流，而是因为我组织的方式错了。

传统的家长会，会对学生实行“隔离”，采取的是“家长＋教师”模式。家长在下，老师在上，必然会成为老师一个人的表演。

家长们也只能在家长会中听到孩子在学校的表现情况，以及怎么样辅导孩子的学习，怎么样配合老师教育孩子等内容。如果遇到脾气不好的老师，很多家长还会在家长会上被点名批评，颜面尽失。

所以，有的“差生”家长根本就不愿意参加孩子的家长会。

我有个亲戚的孩子小木，刚上一年级。小家伙脑袋很聪明但特别好动。有一次小木班里召开家长座谈会，小木的父母刚好都去了外地，小木妈妈给我打电话请求我去开小木的家长会。

小木妈妈说："本来不想麻烦您的，但是老师说了爷爷奶奶、外公外婆一律不准去。"

那还是我第一次以家长的身份参加家长会，感觉特别不一样，居然还有点小兴奋。

我坐在小木的座位上，翻着小家伙的作业本和考试卷，发现他成绩还过得去，可书写有些糟糕。

家长会开始了，小木的班主任萧老师首先讲话，她介绍了班里的整体情况，然后就开始诉说家长的种种不是：有的家长检查孩子的作业不仔细，有错也签字；有的家长给孩子带零食到校，孩子上课也在吃东西；还有的家长对孩子要求不严，孩子没有规矩。

说到这里，萧老师还特意看了我一眼，说："小木是班里最坐不住的孩子，上课总是站起来，你们做家长的管没管？"那一刻，我觉得真好笑，孩子上课总是站起来这对低年级的小孩来说，本来就不是什么大错，即便是错，我们家长最多也只能提醒，我们也不可能和孩子一起上学监管他课堂上的行为啊！

萧老师怒气冲冲地训斥一通后，又换上了教数学的宋老师，宋老师虽然更年轻，但同样不苟言笑，讲了一些数学学科方面的要求后，又和萧老师一样开始指责家长没有做到位的地方。

下面的家长都不吭声，静静地听着，气氛特别沉重。当然，也有一些"事不关己"的家长在若无其事地玩着手机。

从家长会开始到结束，我都没有看到两位老师的笑脸。难以想象，他们平时在教学中也是这样对待孩子的吗？

后来，小木的妈妈告诉我，其实两位老师平时挺负责的，对孩子也算和蔼可亲。那为什么开家长会会变成这样呢？

我想，主要的原因是，老师没有搞清楚家长会的真正意义，没有摆正自己的位置。老师不是高高在上的管理者，家长更不是无条件的服从者。

在对待孩子的教育问题上，老师和家长是志同道合的“亲密战友”和“合作伙伴”。而家长会，正是给合作伙伴搭建的一座桥梁。桥梁搭建好了，才能沟通家庭和学校，推动家校教育。在家长会上，除了老师要传达自己的教育理念，家长们也要对老师做出的努力表示肯定和感谢，并向老师提出宝贵的意见，共同承担起教育孩子的责任。而学生，更应该作为家长会的特邀嘉宾，参与其中，感受老师和家长对他们的爱，增进和老师、父母的感情。

后来我再次召开家长会时，不再隔离学生了，而且会在会前做精心的设计。当家长们陆陆续续前来时，孩子们分工合作，负责签到、领路、接受家长咨询，他们和家长们说说笑笑，使会场的气氛很活跃。

在家长会进行中，我也从主角转为幕后，班里的综合情况由班长来介绍。然后，班委们分别介绍学习、纪律、卫生各方面的详细情况。我注意到，家长们比以前听得更用心，有的家长看到自己的孩子上台讲解，也特别开心。

接下来，是老师和家长之间，家长和家长之间的交流。也说明什么”，我们要在心里反复暗示自己。除掉了100分的执念，我们就会发现孩子很多的进步，如孩子做题变得仔细了，书写变得优美了，作业速度提高了等等。我们要学会体察孩子的努力，并大声地表扬孩子的进步。这样，孩子会在我们的表扬声中加倍努力，取得更好的成绩，而“100分”也不过就是锦上添花的事情。当孩子真的获得100分时，不必过分夸奖，应该给予像孩子取得其他进步时同等程度的赞扬。

当然，赞扬孩子的进步，并不意味着我们可以对孩子的错误忽视不管，我们要和孩子并肩努力，一起分析错误的原因并想办法去改正。比如，你可以这样对孩子说：“孩子，这次考试你取得了这些进步，我很高兴。现在，让我们一起来消灭这些错题。”

其实对于小学生的错题，无外乎三种情况：一是不会做，二是审题错误，三是粗心大意。对于不会做的题目，和孩子一起看看书上的相关知识点，再更正答案；对于审题错误，帮助孩子重新理解一遍，告诉孩子每次考试多审几遍题目的含义；对于粗心大意的错误，要培养孩子平时做完作业后自己检查的习惯。

作为家长，一定要记得，孩子长期稳定的成绩比偶尔获得的100分更值得赞扬。如果你的孩子长期都能取得较好的成绩，你应该感到高兴，你要做的，只是充分肯定孩子的成绩，并且帮助孩子找到更好的学习方法，孩子一定会在以后的学习生涯中带给你超过100分的惊喜！

“仅仅口头赞扬会不会让孩子没了进取的动力？现在的孩子可都现实得很呢，不给点实质的奖励确实很难促进孩子进步。”部分家长也会有这样的疑惑。

一个人除物质需求外，还有被人尊重、被人爱、被人认可、被人理解等多方面的精神需求。你还记得吗？当孩子开始蹒跚学步的时候，你绝不会对孩子说：“孩子，如果你现在能走上十步，我给你十元钱。”这个时候，每位家长都会无条件地为孩子高呼“加油”，拍手叫好，这时每位家长都是优秀的激励大师。然而当孩子长大了，有的家长却忘记了为孩子呐喊，为孩子拍手叫好，反而认为只有金钱和物质的诱惑才能促进孩子进步，这并不是孩子变得现实了，是家长让孩子变得现实了。孩子如果考出理想的分数，家长立即给予一定奖励，慢慢地，奖励变了味儿，就像是家长和孩子的交易。当家长把奖励当成刺激孩子学习的唯一手段时，孩子也慢慢形成了一种错误的认识，认为学习的唯一目的就是分数和奖励。

除去物质奖励，家长可以根据孩子的性格特点，不断创新精神激励的方式，精神激励孩子的方法有语言和行为两种，低层次的激励是惯有的苍白语言，例如“你真棒！”“好聪明！”这类，高层次的激励则是实质性的特殊行为。例如一个满意的微笑，一个赏识的眼神，一张激励的卡片，一次当众的肯定……都有可能让孩子铭记一辈子。

饶老师温馨提示

让孩子从小明白学习是自己的责任。每个人来到世上，在不同的阶段都有自己的责任。在求学阶段，孩子的主要任务就是学习，学习好与不好，最大的原因都在自己。

奖励孩子不要只与学习成绩挂钩。奖励孩子不是不可以，但应该放在孩子取得进步的方方面面，若只和学习成绩挂钩，孩子会认为学习的唯一目的就是奖励，一旦没有了奖励，孩子也没了学习的动力。

当孩子取得好成绩时，精神激励要高于物质奖励。一时的物质奖励孩子很快就会忘记，父母要不断创新精神激励的方式，高层次的精神激励才会让孩子铭记一生。

父母对孩子的爱与成绩无关。不管孩子聪明不聪明，成绩好不好，父母都要给予孩子无条件的爱，在爱中长大的孩子才能回报父母更多的惊喜。

03 关于补习，一个巴掌拍不响

只有过于看重成绩的家长，才会有在补习上玩花样的老师。关于补习这件事，请首先尊重孩子的意愿吧！

我在广东做讲座的时候，一个三年级的小女孩给我留下了深刻印象。互动环节时，小姑娘举了好久的手才被主持人叫起来，她一拿到话筒便开始诉苦：“饶老师，我觉得好累，我平时要补习作文、奥数、英语，还要练钢琴、声乐、舞蹈，我完全没有玩的时间！有没有什么办法可以让我不参加这些班？”

我问她：“这些班中，你最喜欢什么？”

她想了想说：“我只喜欢舞蹈，最不喜欢的是作文和奥数，但是老师硬要我补习作文和奥数。”

“你对妈妈说了你的苦恼吗？”

当时妈妈也在现场，大家的目光都向她看去。女孩的母亲站起来，有些无奈地说：“我们也知道她没有玩的时间，但是每个老师都喜欢她，希望她去补习，做家长的也不好拒绝。”

各地的教育部门都有明文规定，在职老师不能以任何形式对学生进行有偿补习，但是很多老师还是会以各种各样的理由偷偷给学生们补习，也就是所谓的“开小课”，冠冕堂皇的理由是为了提高学生的成绩，背后的目的其实大家都心知肚明：增加收入，提高知名度。

如果某位老师能够利用休息时间无偿为学生们补习，那么他是位值得尊敬的好老师。当然并不是说有偿补习的老师就不值得尊敬，老师付出劳动，收取一定的费用，也是无可厚非。

师德品质好的老师，无论学生去不去参加他的补习班，都会对学生一视同仁。

最怕有一种老师，他们通过各种方式暗示学生，或者勉强学生去补习。如果遇到这样的老师，家长千万不要为了迎合老师，就把孩子送去补习。

当孩子主动对家长提出想去老师家补习的要求时，家长一定要问明，是老师在言语上暗示她去补习，还是她自己觉得学习上有困难要去补习。

如果孩子本身成绩优异，不想去补习，只是为了顺应老师的要求，害怕被老师批评，那么，你应该鼓励孩子：“别怕，告诉老师你不需要补习，你自己会努力。如果老师还是坚持让你去，妈妈爸爸会帮助你向老师说明情况的。”

有一位老师长期在家里进行有偿补习，班里一大半的孩子都去过她家“开小课”。但她还是不太满足，为了能有更多“收入”，她开始动员那些优等生也去她家补习。

优等生的家长们都不是很情愿，于是这位老师便故意给这些孩子脸色看，只要逮到这些孩子一点学习上的错误就对他们痛骂和讽刺，暗示他们这就是不参加补习的后果，甚至还故意让他们得低分，打击他们，直到这些孩子也不得不去她家补习。

后来，有一位正义的家长实在无法忍受这位老师的恶行，勇敢地揭发了她的行为。这位老师被停课调查，孩子们才逃脱了补习的命运。

有些家长认为孩子去老师那里补习一定能提高成绩，其实这是一种错误的概念。一定要谨防个别老师耍的花样，误以为去补习后果然提高了成绩。

其实，提高成绩的办法有很多种，尤其对小学生来说，平时考试的成绩太容易“提高”了。

老师可以在补习的时候提前将考题教给学生，也可以在改试卷的时候对参加补习的学生“酌情”少扣分，这样成绩不就自然“提高”了吗？家长看着分数开心，孩子开心，老师也开心地继续补习，何乐而不为呢？

有家长担心如果不让孩子去补习，会得罪老师。

我有一位朋友，她就遇到过这样的问题。

她的儿子成绩很不错，老师多次暗示她儿子去补习，但她儿子不想去，自己找了很多理由拒绝老师。

说也奇怪，她儿子平时挺好的成绩突然就开始“下降”了。

我朋友告诉我这个情况后，我告诉她不要光看分数，分析一下孩子的试卷。

之后朋友告诉我，试卷上的扣分明显比以前严重，字没写规范被扣分，阅读题和标准答案有一点点不一致就被全部扣分，最明显的是作文，以前孩子的作文只扣一两分，现在要扣四五分，成绩当然“下降”了。我告诉她别太担心，也别批评孩子，更别向老师妥协，这一切都会过去的。后来，朋友的儿子在老师特殊的“严格要求”下，毕业考试考了全年级第一名。如果孩子遇到这样的老师，得罪也罢，甚至还可以当作是对孩子的一种考验，真金不怕火炼，是金子，就不会被埋没的!

如果孩子本身学习上有困难，他自己也很想通过补习提高成绩，那么家长应该支持孩子参加补习班。但家长也要有平和的心态，孩子未必参加了补习班就会有很大进步，毕竟每个孩子的情况不一样。家长也不要单以试卷上的得分来判断孩子有无进步，要亲自通过各种途径检查孩子的学习情况，以免遭遇“补习陷阱”。家长也可明确告诉老师：“我们最看重的不是孩子的分数，而是孩子有没有真正学到知识。”如果孩子成绩不佳，又不愿意参加补习，家长也不必勉强。家长应该尊重孩子的意愿，和孩子商量：“那我们用什么方法来提高学习成绩呢？”孩子感到自己被尊重，一定会努力想出解决的方法。家长也可以给孩子提供一些参考意见，制订相应的计划并监督实行，帮助孩子克服学习上的困难。

如果家长勉强孩子参加了补习班，即便人去了，也许是去消磨时光，甚至起到反作用。

盈盈念五年级，数学成绩一直不理想，父母非要让她去老师家补习数学。盈盈不想去，但是拗不过父母只好同意。去了几次之后，数学老师主动找到盈盈妈，不仅退还了全部补习费，还明确告诉盈盈妈不要再送孩子来了。盈盈妈不解地问：“是不是孩子不听话？”

老师说：“盈盈每次去补习时都心不在焉，不但听不进去课，还总是和另一个成绩糟糕的男生玩。两人一见面就打打闹闹，根本无法专心学习，甚至还影响了其他同学。”

在我当老师的最初几年，也给学生们有偿补习过。但是后来发生的一件事情让我彻底停止了对学生的补习，无论家长如何恳求，我也不会再点头答应。

那是我在教高年级的时候。有一次，几个男生打架，我问明原因后，狠狠地批评了那位先动手的男生，没想到那个男生特别不服气，站在讲台上，大声对我说：“他们不挑衅我，我会打他们吗？为什么你只批评我不批评他们？我知道是因为他们在你那里补习，你有意偏袒他们！”

我当时震惊了，万万想不到小孩子会有这样的想法。既然一个小孩有，那么其他小孩也可能会有；既然孩子们会这么想，那么家长们也有可能会这么想。

虽然在这件事上，我自问并没有偏心，但是会给孩子带来这样的错觉，我再解释也是徒劳的。

我不能为了给几个孩子补习，就破坏了我在家长和所有学生心中的形象，更不能因为补习的这几个孩子影响我正常的工作。这看似是一件小事，却让我彻底退出了补习老师的行列。

孩子在小学阶段，最重要的是培养浓厚的学习兴趣，养成良好的学习习惯。多数小学生并无补习的必要，不如用补习的时间去参与更多的艺体活动，和大自然亲密接触，阅读图书等，这对成长是很有利的。

我曾经听到一位家长背地里这样骂老师："我出了这么多钱却没见孩子的成绩有什么起色，这钱真是白花了！"

只有过于看重成绩的家长，才会有在补习上玩花样的老师。关于补习这件事，一个巴掌拍不响，家长、老师，谁都有责任，若想让孩子不受伤害，要不要补习，请首先尊重孩子的意愿吧!

饶老师温馨提示

在补习这件事上，家长要尊重孩子的想法，问问孩子的真实意愿。如果孩子自己不想去补习，只是害怕被老师批评，那么你要给孩子打气，告诉他只要自己努力也可以提高成绩，老师同样会喜欢他。

千万别在孩子面前说老师的坏话，这样孩子会感觉压力更大。如果孩子执意要去老师家补习，家里的经济条件也允许，那么，家长也不必硬要阻止他。由他去吧！只是，别太拿补习当回事，别太在意孩子补习前和补习后的成绩。对于孩子的学习情况，家长应该以多种途径去了解。光看试卷上分数的家长，小心掉进“补习陷阱”！

04 当心家里有个“两面派”

如果孩子从小就学会伪装自己，在学校和家里判若两人，长大以后，当他们走进社会，面对更为复杂的人际关系，他们会越来越迷失自己，找不到确定的方向，内心会变得迷茫而痛苦。

力克是我教过的一个学生，小家伙长相帅气，见到学校里的每个老师都礼貌地问好，对同学也十分友好。更关键的是，他还懂得谦让。

一年级的时候，班里有个同学的椅子坏了，这个同学只有站着上课，力克看见了，主动把自己的椅子让给那位同学，还笑嘻嘻地说：“没事，我就喜欢站着。”

好多老师都对我说：“饶老师，我最喜欢你们班那个叫力克的男生，特别尊敬老师，嘴巴甜，又爱帮老师做事，特别能干！”

听到其他老师的赞美，我也为班里有这样一个学生感到骄傲。

有一个周末，我去逛街，走到一个巷口，看见一群人围着看热闹。我走近一看，居然是力克和他的奶奶，力克边哭边骂，对他奶奶又踢又踹，嘴里说出的全是一串串的脏话。

力克奶奶站在一边，简直无可奈何。旁边的人都在斥责力克的行为，力克全然不理。

我实在忍不住拨开人群走到力克的身边，力克一见是我，立刻收住了脚，停止了大哭，只是倔强地站在一边，恶狠狠地盯着他奶奶，大口喘着气。

这个力克和我平时在学校看见的力克分明就是两个孩子，真让我难以置信。

后来一问，才知道原来是因为力克的奶奶要着急回家做饭，不愿意陪力克去商场买玩具，力克就在街上对奶奶大发脾气。

力克的奶奶向我诉苦："老师，我每次去学校，老师们都说力克是乖孩子，可是他一回家，就原形毕露，稍不顺心，就发脾气，现在的小孩真难管啊！"

很多家长都有这样的感觉，自己的孩子活脱脱就是一个"两面派"：有的在学校乖巧听话、表现良好，一回到家就"原形毕露"，甚至"无法无天"；有的在学校沉静内向，胆小怕事，在家却活泼外向，热情奔放；有的在学校生活自理能力很强，凡事乐于自己动手，可在家里却什么活都不干……

这个问题在现在的孩子中普遍存在，但有些老师和家长觉得这不是问题，孩子只要在学校表现得好就没什么大不了。这样的心态是很危险的。

如果孩子从小就学会伪装自己，在学校和家里判若两人，长大以后，当他们走进社会，面对更为复杂的人际关系，他们会越来越迷失自己，找不到确定的方向，内心会变得迷茫而痛苦。

孩子在学校和在家里的表现截然不同，除了他自身有一定的因素，是由家庭、学校两种不同的教育环境造成的。

孩子在学校表现好，是因为学校对孩子有明确具体的要求，孩子遵守了这些要求就会得到老师的表扬、同学的肯定。而且学校孩子多，有什么事情，老师不能包办，孩子必须自己去完成，所以孩子不可能对老师有那么强的依赖性。但是在家里，有些家长会觉得孩子快乐成长就好，不必束缚，什么事情也尽量帮助孩子完成。

孩子在家是核心成员，往往有特殊待遇；在学校，只是普通成员，没有特殊照顾，这特殊与普通的角色转换，自然让孩子表现不一。

因此，家庭、学校教育保持一致很关键。

如果孩子在学校表现良好，乖巧听话，什么事情都自己完成，说明他在家里也是可以做到的。家长可以从老师那里了解孩子在学校的具体情况，也可以向老师反映孩子在家的情况，使老师配合家长的教育。当然，家长千万不要当着孩子的面向老师反映孩子不好的行为，这样会挫伤孩子的自尊心，对教育不利。

后来，力克的妈妈主动找到我，告诉我力克在家里确实表现得很不好，不但不尊重爷爷奶奶，而且非常以自我为中心。有时全家一起看电视，力克要去上洗手间，他就要把电视关了，等到他回来，再打开电视和大家一起看。若是家里来了小朋友，力克不准小朋友碰他的玩具，吃他的零食，非常自私。

“老师，我之前没有告诉您这些是因为每次到学校，都听到大家表扬力克，我顾及面子，也不想说孩子的不是，但是自从上次他奶奶回来告诉我在街上碰到您的事情，我和力克爸爸一商量，还是决定向老师坦白，请求帮助，孩子这样做‘两面派’确实不是好事。”

我和力克妈妈进行了认真的交流，达成了共识，一定要尽量让力克在家和在学校的表现保持一致。

我首先找到力克，和他谈心。

“力克，那天我在街上碰到你对你奶奶发脾气，我知道那是你实在控制不了自己的情绪，其实你内心还是很爱奶奶的，是吗？”我问。

力克有些惊讶，随即点点头，说：“是的，我就是想去买玩具，奶奶本来答应了后来又说晚了不带我去。”

“奶奶没有遵守承诺确实不对，但是不管如何，你作为晚辈，对长辈要有起码的尊敬，你可以向奶奶提意见，但绝不可以用愤怒的方式解决问题。况且，你在学校是个人见人爱的好孩子，又懂礼貌，又会谦让，又是老师得力的助手，我希望你在家里也是一样。”

力克咬着嘴唇，没有说话。

我拍拍他的肩膀说："从今天开始，我希望力克做一个真正的男子汉，在学校和在家里都是最棒的孩子，到时候，我带着同学去你家玩，向你学习。"

"老师，你真的会来吗？"力克眼里闪着亮光。

"那当然，谁能做大家的榜样我就去谁家。"我点点头。

同时，力克的父母也开始反思自己的行为。以前，因为力克成绩好，他们作为家长就忽视了对孩子其他方面的教育，过多地赞美孩子，娇宠孩子，导致力克在家里任性、自私和霸道。再加上每天力克的妈妈送力克上学时，总会说："在学校好好表现哟，让老师喜欢你！"这就给孩子造成了一个错觉：只要我在学校表现好就可以了，回家可以"为所欲为"。

家长应该这样告诉孩子："不管在学校还是在家里，你都要做一个善良正直、懂礼貌、有责任心的孩子。"当孩子在家里"为所欲为"的时候，家长一定不能以孩子在学校表现还不错为理由，放任孩子的行为，学校教育和家庭教育分离，孩子的一些不良习惯在学校被扼制，在家里却继续被放任，最终将导致教育的失败。

佳佳也是个"两面派"的孩子，但是她和力克的表现完全不同。这小姑娘平时在学校不怎么吭声，好静，显得胆小拘谨。有一天，我看见她额头上顶着一个大包到学校，我关切地问她："你在哪儿摔的？"她红着脸小声地对我说："在街上绊倒的。"

可是，下午，佳佳的妈妈来接孩子的时候告诉我："佳佳在家里可调皮了，昨天坐在小区的楼梯扶手上往下滑，一不小心摔倒在地上，磕伤了额头。”

“啊？”我大吃一惊，说，“佳佳在学校走路都小心翼翼的，生怕有人撞到她！”

“老师，她胆子大着呢，在小区里，是所有孩子的头儿，大大小小的孩子都听她的，她总是带着那些孩子满世界疯跑。”佳佳妈妈笑着说，“我们就怕她到学校闯祸，所以经常告诫她，你在学校要听老师的话，你要是犯了错误，学校就会开除你，到时你就只能去街上捡垃圾，所以她就不敢在学校调皮！”

很多时候，孩子成为“两面派”，家长是脱不了干系的。家长都希望自己的孩子在学校表现好，这可以理解。但不能因为这样，就教孩子伪装自己，戴着面具生活，或者恐吓孩子，让孩子辛苦地扮演父母所愿意看到的那个角色。

还有些家长在谈话中不回避孩子说一些人情世故的话，或是做些人前一套人后一套的行为，孩子耳濡目染，也因此学会了在不同的人面前有不同的表现，在家一套在学校一套，使得他们原本单纯的世界变得不再单纯。

我同事李老师班上有个孩子叫月月，这个小女生很讨李老师喜欢，因为她嘴巴极甜，又会看老师脸色行事，每天帮李老师拿教科书回办公室，还会给李老师按摩肩膀，经常对李老师说：“李老师，我最喜欢上语文课，我真希望每天六节课都是语文课，数学课好无聊啊。”李老师也总是被她逗得很开心，称她是老师的贴心小棉袄。

饶老师温馨提示

我们应该引导孩子学会为他人着想，心中有他人，但这绝不是为了取悦他人而伪装自己，或者为了达到某些目的而辛苦地扮演“两面派”，做自己不情愿做的事情。

家长没有必要去教孩子说什么话、做什么事情而刻意讨好老师，更不要借用老师的威严恐吓孩子，让孩子在学校放不开。

老师也要多关注那些默默无闻的孩子，有些孩子虽然嘴里没有甜言蜜语，但是心却是十分善良美好的，需要老师的肯定与赞扬。

家长和老师平时都要注意自己的言行，时时提醒自己是孩子的表率，无论在哪里，无论遇见谁，都要尽量做到表里如一、言行一致，给孩子正确的引导。学校和家庭应该统一教育思想，对孩子的教育口径保持一致，别让孩子从小就“人格分裂”。

05 巧让孩子远离垃圾食品

只有让孩子从内心真正认识到吃垃圾食品的害处，才能达到预期的效果。否则，即使孩子不吃校门口的垃圾食品，他还会吃其他地方的垃圾食品，他小时候没机会吃，长大了也会“疯狂”地吃。

乐乐妈最近很犯愁。女儿乐乐刚上一年级，学校门口的小商店总摆放着一些花花绿绿的小食品，多数是五毛钱一袋，一看就知道是“三无”垃圾食品。乐乐每次经过，都会用无比渴求的眼神看着那些小食品。每当这时，乐乐妈就把乐乐拖走，并一再告诫孩子：“那些东西吃了都会得癌症，不准吃。”

“那为什么其他小朋友可以吃呢？”乐乐总是不甘心地问妈妈。有一天，乐乐妈替乐乐收拾书包，发现乐乐的书包里有一个空空的食品袋，袋子上面印有“小沈阳”的头像，里面还有不少鲜艳的辣椒油。乐乐妈从来不给乐乐买这样的东西，这是哪里来的呢？

于是，乐乐妈赶紧把乐乐拉到身边，责问女儿。

乐乐边哭边说：“我们班小朋友都会吃这些，很麻很辣也很入量这关，就不会对孩子的身体造成太大影响。”

作为老师，应该经常在班里告诉学生，垃圾食品给身体带来的危害。可以通过主题班会、命题作文、手抄报、辩论赛等形式让学生自己搜集相关资料，从而让学生明白食品安全的一些常识。

一个班级的整体风貌是关键，如果全班同学都不吃或者很少吃校门口的小食品，大家彼此监督，互相影响，孩子也自然能抵抗住垃圾食品的诱惑。

不过，老师的方法也不能过于激进。有的老师为了杜绝班里吃零食的现象，会采取这样的措施：“凡是在班里吃零食的，一经发现，就给全班同学每人买一袋。”这样的方法确实能起到立竿见影的作用，但只是表面上的平息。孩子们没有从内心认识到为什么不能吃零食，只不过觉得吃零食不被老师发现就可以了，于是他们会想方设法背着老师吃，说不定吃得更多更欢。

其实，没有一个孩子不嘴馋的。想想我们小时候也喜欢吃零食，只不过那时候还没有那么多垃圾食品，所以也真感到庆幸。

孩子在学校学习一天，到了放学的时候，难免都处于饥饿状态，老师可以允许学生从家里带一些食品到学校，比如洗净的水果、小面包、饼干等，到放学的时候可以充饥解馋，这总比孩子一心惦记校门口的“五毛”食品好得多。

家长在接孩子的时候，也可以给孩子带一些健康食品，比如蔬菜沙拉、果汁、坚果、红枣、奶制品、熟鸡蛋等富含维生素和矿物质的食物，有心的家长还可以自己 DIY 一些新奇的食品，刺激孩子的视觉，让孩子愿意吃家长带的小食品。

当然，很多家长也会这样说："我也带食物去接孩子，可是孩子还是觉得自家带的没有小店卖的好吃，自家带的再贵的食品都比不上那些不合格的'五毛'食品，这怎么办呢？"

我也遇到过这样的烦恼。

我的女儿也是个不折不扣的小馋猫，可能因为我自己也没起好的示范作用，比较喜欢吃零食，家里总会有一些零食存放。我们经常带女儿去超市，买喜欢的食品，也告诉她要买正规店家的食品，校门口那些小食品都是不合格的，吃了对身体有害。

但是女儿在班里吃过同学给她的"五毛"食品以后，便久久难以忘怀，每一次经过校门口的小摊，都要停留一会儿，摸摸那些花花绿绿的小袋子。虽然她也知道这些东西是不合格的，可毕竟是小孩子，总是想尝一尝。

有一次，她又向我提出："妈妈，你给我买一袋辣条吧！"

"好的！"

我很干脆地答应了她。这让她很惊喜，在小摊上精挑细选了一袋。

"真有那么好吃吗？你给我也尝尝。"她打开袋子后，我伸出手。

"哼，还说我不准吃，原来你也要吃啊？"她递给我一根。

配料越多的，添加剂越多，对身体越有害。反之，配料越少的，相对越安全。”

从那以后，女儿每次和我去超市买食品，都会仔细地看看食品的配料成分，进行对比再放进购物车。有时候，我买东西忘了看，她还会帮我看，并且提醒我说：“这个东西那么多添加剂，你小心吃了长胖哟！”

饶老师温馨提示

💡 不爱吃零食的孩子几乎没有，零食和玩具一样，对孩子都有极强的诱惑力。我们不能完全反对孩子吃零食，但可以巧妙地控制孩子对零食的摄入量。

💡 家长和老师要采用多种途径告诉孩子，如何挑选零食，哪些是“三无”垃圾食品，对身体有什么样的危害。越早给孩子灌输这些知识，越能让孩子用心记住。

💡 带孩子去大超市买合格的食品时，要教孩子学会看生产厂家、生产日期、保质日期、配料成分等，让孩子形成食品安全和自我保护的意识。

💡 对于合格的美味零食，孩子多吃无益，少吃也无害。家长要放松心态，理性对待。

明，但是在她心中始终会留有一些童年的遗憾吧!

小章是我的朋友，因为她有国外留学的经历，所以她对儿子明明的核心教育理念就是让儿子健康快乐地成长。

她认为“没有一个快乐的童年，孩子就没有一个健康快乐的人生”。明明在小学阶段发展特别均衡，书画、游泳、乒乓球、动漫制作，甚至爬山、攀岩都是他的业余爱好，他没有进过一个补习班，也没有一张可以证明自己的荣誉证书。

明明六年级的时候，小章去学校开家长会，发现周围家长谈得最多的就是小升初的话题，小章这才发现，自己从没想过儿子应该考哪所中学。在她心中，孩子念中学不就是就近入学或者电脑排位吗?

但听周围家长的议论，只有少数学生能幸运地通过就近入学或者电脑排位的途径进入优质名校，而这个途径都是家长们摆在最后的一张牌，不到万不得已决不考虑。

好多家长都已经备用了好几套方案应对孩子小升初的问题：特长生、推优生、条子生、赞助生……这些名词小章以前听都没听过!

那一刻，她突然感到前所未有的惊慌，难道自己的教育理念一直都错了？在中国，孩子要想有快乐的童年就进不了优质的中学，输掉未来的前途?

为了尽到家长的“责任”，小章赶紧给明明报了培训机构的辅导班，让明明放下所有与学习无关的业余爱好，也像其他孩子一样参与到最后的冲刺中。

可是明明的成绩一直在班里属于中游，突然面对强大的学习压力，明显有些吃不消，对妈妈也有许多不满情绪。

“你之前不是说只要我有一颗积极向上的心，念哪所学校都是一样的吗？”

面对儿子的质疑，小章无奈地说：“那些成绩比你差的孩子都要想方设法地挤进名校，我如果不让你去试一试，又怕真的耽误了你。”

可是，明明在两所名校的择优考试中都没有过关，看到自己的朋友都能进入名校，明明很沮丧。

那是小章第一次看见儿子那么挫败的神情，儿子一向都是一副阳光灿烂的模样。小章心中五味杂陈。

最后，小章不得不利用自己最不想利用的社会关系，出钱出力给儿子铺路，让孩子以“条子生”的方式进入了目标学校。

当然，并不是每个孩子的家长都能像小章一样有可动用的社会关系和人脉资源。多数平凡的父母为了孩子“小升初”的升学关受尽煎熬，为了让孩子能上满意的学校，不得不逼迫着孩子成为“考试机器”。升学就像是一场没有硝烟的战争，有人赢有人输，有人欢喜有人忧。

前一阵子，有一位家长在微博上给我留言说：“饶老师，我今天带着女儿去省城看 ×× 学校的小升初考试的榜单，我女儿落榜了。我觉得天都快塌下来了，女儿趴在我怀里放声痛哭，她的一个好朋友都考上了，那个好朋友平时的成绩还没她好，您说，我该怎么安慰孩子啊？”

我告诉她：“如果你都觉得天快塌下来了，孩子还怎么可能有信心面对今后的学习生活？难道所有优秀的人都是从那所中学毕业的吗？你应该告诉孩子，好的学校还有很多，也许这是好事情，说明其他的学校更加适合你。条条大路通罗马，路，可以有不同的选择，但是，信心没了，连走路的勇气也没了。”

我有个学生叫思达，小学毕业那一年，班里好多孩子都去参加各个名校的择优考试，就连有些平时成绩特别不理想的孩子也加入了“小升初”择校考试的大军中，用他们父母的话说就是“知道孩子考不上，去见见世面也好”。思达的成绩在班里属于中上等，可是他一次择校考试都没参加过。我问他：“你为什么不去中学考试啊？”思达告诉我：“我爸爸问过我想不想去考，我说不想去，他就说好。”

思达的父亲是个博士，他说他小时候上的学校都很一般，好学校固然重要，但最重要的还是孩子的学习态度和学习方法，如果孩子自己懂得努力，读哪所学校都是一样的。而他自己也是在高二才开始学奥数，结果直接就得了全国第一，保送进了名校，一路读下来。

成长是公平的，得失各有。如果你想让孩子在各种考试中过关斩将一路凯歌，那么他的童年肯定比别人辛苦。如果你想让孩子轻松学习、快乐成长，那么，他又很难在应试教育中出类拔萃。这和父母的教育理念有着直接的关系。但不管如何，不管你愿不愿意，小升初是很多家庭必须面临的一道坎。怎么跨越这道坎？四个字：量力而行。

如果你的孩子成绩在班里名列前茅，你大可不必焦虑。孩子可以通过目标学校的自主招生形式考进名校。如果你孩子的成绩在班里属于中等，你又特别想让孩子进名校，这才是最令家长焦虑的。

有几个建议可以提供给这类家长：让孩子有一门特长，并且获得相关证书，以“特长生”的身份报考；让孩子进入一些正规的培训机构补习，特别是和重点中学挂钩的机构，这类机构中的优秀学生在报考该中学时往往能有“优先权”，也就是俗称的“蹲坑”；早一些动用你的人脉关系，为孩子多找几个学校，多留几个备用方案，万一孩子没有进入目标学校，还有退路。

如果孩子在班里的成绩很不理想，家长就要考虑，是否有必要让孩子去参加择优考试！有时候，你以为是让孩子去“见世面”，其实，却只是让孩子受打击。

还有的家长一味追逐名机构、追逐名师、追逐班型，但却忽视了：只有孩子愿意学，学得懂，才是最有用的！否则，一切都是浮云。

我也曾经被招聘担任过某某培训机构小升初的语文老师。虽然当时我也不是很情愿，但因为是以前恩师的推荐不便拒绝。

培训机构的校长告诉我：“饶老师，您放心，我们和 ×× 中学、×× 名校都有长期的合作，他们会优先录取我们培训的林女士的丈夫笑着说："我妈妈想让我们多一个孩子，其实我倒无所谓，一个孩子两个孩子都能接受，就是老人那一关不好过。"

接着节目组又请上了另一组嘉宾，一个年轻漂亮的妈妈带着两个宝贝女儿，大女儿五岁，小女儿三岁，两个小姑娘都打扮得像公主一样漂亮。年轻妈妈说："我是一个全职太太，我觉得有两个孩子很幸福，看着姐姐妹妹相亲相爱地成长，做妈妈的很满足……"

紧接着，节目组让嘉宾们谈谈自己的看法。

我也说出了我的看法："首先，生不生二胎，最关键的决定因素，不是别人，而是夫妻双方。你们为什么要生这个孩子？如果是为了攀比，炫耀，或者让他成为养老的生力军，那我建议还是不要生。如果你们是把他视为一个独立的生命，有思想，有个性，有自己的命运和选择，那你们至少已经具备了生二胎的正确目的。有了正确目的以后，再问自己四个问题：第一，你们是否具备养育二胎的经济条件？第二，夫妻双方对生二胎的意见是否一致？第三，老大和老二之间的年龄差是否合适？我个人认为年龄差距不宜太大，五岁之内最合适。第四，你们是否具备养育二胎的教育能力？如果四个问题都OK，那就不用质疑，赶紧生呗！"

这确实是我的肺腑之言。

首先谈谈我自己，在全面放开二孩政策后，我的女儿已经十岁了，很多人都对我说："你完全可以再生一个啊，三十五岁左右生二胎的最多！你看某某某比你年龄大还生了呢！”但我和我先生的思想都十分统一：“不再生了，一个就好。”

生不生二胎真的不是需要攀比的事情，它绝对是只属于夫妻双方的慎重决定，完全不需要受别人的左右，如果夫妻双方连这一点判断力都没有，那真不适合养育两个孩子。

我之所以觉得两个孩子之间年龄不要差太多，一是因为我就是二胎，我和姐姐之间相差整整五岁，虽然现在我们感情十分要好，但在小的时候，完全没法玩在一起。她会觉得我太幼稚，我也会跟不上她的脚步。所以，如果两个孩子之间年龄相差太大，实际上从小是没法做玩伴的。

我还教过一个小姑娘，她在上小学一年级的时候，有一次，她的姐姐来接她，因为她的姐姐比她差不多大十五岁，班里的同学都说是她的妈妈，弄得小姑娘十分尴尬。

当然，也许你会说：“年龄和经济条件都不是我在乎的问题，我就是想生二宝。”我承认，每个人的看法不一样，但有一点，我认为对每一对想生二宝的父母都很重要，那就是父母对两个孩子的养育是否能做到公平公正？

一位妈妈曾经发来邮件向我倾诉她的苦恼。她说，她有两个孩子，老大是女儿，老二是儿子。按理说儿女成双，应当非常完美。但是女儿天性乖巧懂事，聪明伶俐。儿子却调皮捣蛋，成天惹是生非，她觉得自己无法控制自己的偏心，甚至十分后悔生了儿子。每当儿子在外面闯了祸或者被老师请家长的时候，她都恨不得掐死他。她用了“恨”和“死”这样的字眼对待自己的亲生骨肉，确实让我颇为震惊。我能理解，这也许是妈妈一时的气话，但足以说明，妈妈虽然生了两个孩子，却显然不懂得如何养育两个完全不同的孩子。这对妈妈和孩子来说都是伤害。

这世上没有完全相同的两个个体，就连双胞胎也有很多的不同，更何况有年龄差的两个孩子。父母既然准备养育两个孩子，就一定要做好尊重“个体不同”的准备。老大聪明漂亮，老二不一定也聪明漂亮；同样，老二成绩优异，不能要求老大也成绩优异。对于每个孩子身上的“与众不同”，父母都要发自内心地接纳和欣赏。如果父母始终用“比较”的眼光看待两个孩子，孩子是能感受到的，这样的结果就是：父母心中的那个“好”孩子越来越好，父母心中的那个“差”孩子越来越差。而父母也会在“比较”中不停纠结、郁闷、懊悔。

那如何才能养育好两个宝贝呢？

再回到我参加节目录制时，那位带着两个小公主上场的漂亮妈妈身上，她的一些方法值得计划养育二胎的父母们借鉴。

这位妈妈在节目中说道：“我和孩子爸爸在决定生二孩之前，就不止一次征求过老大的意见，在老大表示同意以后，我们才开始投入准备。有了老二以后，我经常会让老大摸摸我的肚子，和妹妹亲密交流。老二出生以后，老大也会参与养育老二的过程，包括给老二换尿布，调牛奶……还有一点，我觉得很重要，就是我们不会因为老二小，就让老大凡事让着老二，我们会针对具体的事情，公平对待两个孩子。总之，有了老二，不能让老大有情绪上的失落感，相反，做父母的要更加宠爱老大，并把这份爱让老大传递给老二，老二也能得到更多的爱。”

我国台湾知名作家龙应台，也是两个孩子的妈妈，她曾经在书中写过这样的一件事：

在龙应台的大儿子安安四岁时，家里迎来了第二个小生命，为了让安安接受弟弟的存在，龙应台做了很多准备。

临近临盆时，龙应台让安安贴着她的大肚子听听里面小生命的声音，并告诉他：里面那个小家伙出来时，会给安安带来一份礼物。果然，在弟弟飞飞出生时，龙应台给安安买了一辆会翻筋斗的越野跑车。“安安觉得，这婴儿虽然哭声大得吓人，可是挺讲信用的，还可以忍受。”

后来，亲友邻居听说了小宝宝的诞生，都要提着礼物来看望。龙应台在这过程中发现，凡是养过两个孩子以上的父母，来做客时都带了两份礼物，其中一份要给安安。在他们夸赞小宝宝时，也不忘记提一句大孩子：“我觉得还是安安比较漂亮，你说呢？”

而其他的访客一进门，就会着急问：“小宝宝在哪里？”丝毫忘了给他们开门的，是那个他们之前认识的，个子刚到他们胯部的大儿子安安。客人们对小宝宝用尽了一切赞美，而安安独自站在台阶处，看着客人们对小宝宝亲亲抱抱，无所事事却又闷闷不乐。

等到客人们走后，委屈的安安对着镜子左照右照：“妈妈，我的睫毛不长吗？我的头发不软吗？我的手不可爱吗？”

这件事其实也值得我们所有人深思，在全面放开二孩政策后的时代，在养育两个孩子的过程中，除了父母的教育方式，周围的人对孩子们的态度也很重要。千万别因为你一个无意的举动，伤害了角落里那个默默被冷落的孩子。

总之，生不生二胎，夫妻双方根据自己的具体情况达成一致意见即可，如果决定不生，就好好地养育那个唯一的孩子，享受三口之家的简单快乐。如果决定生，就要做好养育两个孩子的准备，包括经济方面的准备，现实生活的准备以及教育方法的准备等等。

孩子降临以后，不管两个孩子的差距有多大，家长都要随时提醒自己“一碗水”端平，要公平公正，不偏袒，不厚此薄彼。无论如何始终记住：“他是我的孩子，我既然选择了让他来到这个世界，我就要尽我所能去爱他，呵护他。”

后记 感谢那一段做教师的岁月

还记得十八岁那年，我走上讲台，本是个稚嫩的小姑娘，非得努力装出一副严肃、端庄的模样，生怕镇不住学生。当老师的日子里，我走过弯路、流过眼泪、受到过质疑，也赢得了很多荣誉，渐渐悟出了当老师的真谛，也感受到了当老师的不易和幸福。

做教师十五年之后，我选择了辞职，倒不敢说为了“梦想”，只是觉得未来很长，想体会一下不一样的生活，给自己的人生更多的色彩。虽说离开的决定经过了很长一段时间的思考和挣扎，但对家长和孩子们来说，还是太突然。我能从他们的眼睛和泪水里看到不舍，直到如今，我也非常感谢那届的学生和家长对我的包容和理解。

我离开后，有一次路过以前的学校，刚好遇见以前的学生在上体育课，有孩子透过学校围墙的缝隙看到了我，高喊着：“饶老师，饶老师……”一瞬间，所有的孩子忘了上课，蜂拥到围墙边看我，有的甚至徒手往上攀爬，吓得我惊呼：“快下来，下来，注意安全！”

后来我答应回学校看他们，每次，孩子们都里三层外三层地围着我不让我走。有一天中午，遇到他们吃午餐，孩子们拿着各自的小饭盒坐在学校门口的台阶上，三三两两，互相交换着位置，用身体阻挡着我的脚步。他们回头仰着小脸看我，调些留言："饶老师，你还记得我吗？""饶老师，我是某某某，你现在在哪里？""饶老师，我做妈妈了，我买了你写的新书哟。"……我总会点开他们的头像，将他们和记忆中的某个小小孩重叠在一起，那真是一种美妙的体验。

曾经是老师，一辈子就是老师。

感谢那一段做教师的岁月。

2017年3月于北京